Peidui Guocheng de
JILIANG JINGJI JIANMO

配对过程的
计量经济建模

张大鹏　　◎著

中国财经出版传媒集团

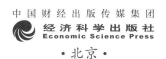

经济科学出版社
Economic Science Press

·北京·

图书在版编目（CIP）数据

配对过程的计量经济建模/张大鹏著 . －－北京：
经济科学出版社，2024.1
ISBN 978 － 7 － 5218 － 5501 － 2

Ⅰ.①配⋯　Ⅱ.①张⋯　Ⅲ.①计量经济学　Ⅳ.
①F224.0

中国国家版本馆 CIP 数据核字（2024）第 009246 号

责任编辑：李　雪
责任校对：孙　晨
责任印制：邱　天

配对过程的计量经济建模

张大鹏　著

经济科学出版社出版、发行　新华书店经销

社址：北京市海淀区阜成路甲 28 号　邮编：100142

总编部电话：010 － 88191217　发行部电话：010 － 88191522

网址：www. esp. com. cn

电子邮箱：esp@ esp. com. cn

天猫网店：经济科学出版社旗舰店

网址：http://jjkxcbs. tmall. com

固安华明印业有限公司印装

710×1000　16 开　9.25 印张　120000 字

2024 年 1 月第 1 版　2024 年 1 月第 1 次印刷

ISBN 978 － 7 － 5218 － 5501 － 2　定价：48.00 元

（图书出现印装问题，本社负责调换。电话：010 － 88191545）

（版权所有　侵权必究　打击盗版　举报热线：010 － 88191661

QQ：2242791300　营销中心电话：010 － 88191537

电子邮箱：dbts@ esp. com. cn）

序

我深感荣幸能为这本《配对过程的计量经济建模》担任序言撰写者。这本书带领我们深入探索配对过程的复杂性和重要性，对于经济学家们来说，这无疑是一项前所未有的挑战。作者张大鹏博士是一位优秀的青年学者，他在经济学领域已经取得了备受关注的研究成果。他的这本新著《配对过程的计量经济建模》将配对过程的计量经济学研究推到了前所未有的深度和广度。

在经济学领域，配对过程的研究至关重要。它涉及市场机制、资源分配、风险管理等多个方面，对于理解经济现象和制定政策都具有重要的意义。然而，配对过程的研究也极具挑战性，因为它涉及复杂的决策过程和不确定性，需要综合运用计量经济学、博弈论、运筹学等多个学科的知识。这不仅需要深厚的理论功底，还需要对现实世界的深入理解和洞察力。

在这本书中，张大鹏博士通过系统性的理论分析、实证研究和案例研究，让我们对配对过程在计量经济学层面有了全面理解。他构建了一个全新的理论框架，将配对过程转化为数学模型，并创新了计量经济学方法进行建模和分析，为配对过程的研究提供了一个科学的框架和有力的工具。此外，他还强调了配对过程在经济学和社会科学中的广泛应用，通过案例研究和数据实证，系统阐述了配对计量经济学模型的建模过程。这些案例研究不仅具有说服力，而且为读者提供了实际应用中的具体方法和建议。

本书的另一个突出特点是其跨学科性质。配对过程涉及经济学、社会学、城市规划、交通管理等多个领域，而这本书成功地将这些不同领域的知识融合在一起，为读者提供了多元化的视角。这种跨学科的认识使本书成为一本具有广泛适用性的参考书，它不仅为经济学家提供了深入理解配对过程的工具，还为其他相关领域学者提供了新的研究思路和方法。

特别值得一提的是，本书不仅关注理论层面，还深入探讨了实际应用。张大鹏博士通过翔实的案例研究，将理论框架应用于现实生活中的具体问题。例如，他分析了机场与航司的配对过程，探讨了航班延误背后的逻辑；他还研究了物流市场的配对过程，分析了发货方与收货方的相互影响。这些案例研究具有直接的借鉴意义，对于城市治理、商业合作等问题都具有重要的启示作用。这种实践导向的方法有助于将理论转化为可操作的建议，为解决现实世界中的配对问题提供了重要的参考。

这本书是作者多年研究成果的总结。他的学术探索和深入思考为我们提供了新的视角，激发了对配对问题更深入的思考。这本书将成为学术界和实践领域的宝贵资源，将为研究者提供新的思考方向，为决策者提供有力的工具，以更好地理解和应对配对问题。它的出版将推动我们对这一领域的认识和实践迈向新的高度。

最后，我要衷心感谢作者不辞艰辛为我们提供了卓越的学术成果。《配对过程的计量经济建模》这本书将会在学术界和实践领域产生深远的影响，成为促进配对过程研究和应用的重要参考资料，也可以作为经济学、社会学、规划学等领域本科高年级学生和研究生的教材。我相信这本书将会激发更多有关配对问题的深入研究和讨论，推动我们对这一领域的认识不断发展和完善。同时我也期待张大鹏博士继续努力，发表更多创新性成果。

叶裕民

中国人民大学公共管理学院　教授

2023 年 10 月

于中国北京

前 言

在经济活动中，两个人共同合作以达到共同目标是最常见且最传统的合作形式。这种合作形式被称为一对一的配对关系，在出租车服务中司机和乘客就是一个常见的例子。在某个特定时间段，一名出租车司机只能为一个或一组乘客提供服务。在这种传统的合作关系中，通常由一方主导形成配对关系并展开经济活动。也就是说，乘客可以完全决定出租车服务的路线和目的地，而司机通常只能按照乘客的要求提供服务。此外，传统合作形式还具有决策频率较低的特点，一个出租车的行程可能只需要进行一次路线选择的决策。

随着信息技术的迅速发展，经济活动中的合作变得越来越频繁，同时也呈现出许多新的特征。基于互联网的出租车服务如顺风车等，可以同时为多名乘客提供出行服务。在这些服务中，合作的形式呈现出一对多的配对关系。由于降低了运营成本，这些基于互联网的出租车服务备受乘客青睐。另外，出租车司机可以事先设定自己的服务区域，或在了解乘客目的地后决定是否提供服务。换句话说，司机和乘客双方可以在一个出租车行程中做出共同的决策。随着实时地图服务的普及，根据行驶途中的交通状况变化，司机和乘客可以随时商议调整行驶路线，决策的频率显著增加。另一个典型的新型配对关系的例子是咸鱼二手交易平台。与传统的货物买卖不同，咸鱼网的卖家和买家可以根据双方的需求调整货物交易的内容、价格以及物流服务。一个买家可以同时与多个卖家进行交易，而一个卖家也可以与多个买家进行对接，形成多对多的配对关系。总体而言，新型配对问题的特征在于一对多或多对多的配对关系，以及更加频繁的共同决策。

目前，在经济学领域，现有的方法在分析这些新兴经济活动的特征方面尚不够有效。传统的分析方法主要集中在个体行为的配对过程上，并通过代理人模型和博弈论等相关方法对个体决策进行量化分析。2010 年，美国经济学家戴尔·莫滕森（Dale T. Mortensen）因其对市场搜寻摩擦理论和方法的研究而荣获诺贝尔经济学奖。这种基于运筹学视角的配对关系分析方法旨在通过优化方法找到最佳的配对关系，并解释这种关系的内在机制。然而，这一系列方法主要关注个体行为，对影响配对关系的因素以及最终观察到的配对结果之间的因果关系研究能力有限。然而，对因果关系的研究对于信息服务产品的设计和市场秩序的维护具有重要价值，即政策制定者可通过调整影响因素来重塑配对关系。因此，我们需要更加关注影响配对关系的因素和观察到的配对关系之间的因果联系，以提升我们对配对关系的认知，并为设计有效的信息服务产品和制定市场政策提供有力支持。这正是计量经济学这一善于剖析因果关系的领域需要攻克的难关。

鉴于现有的计量经济学在研究配对关系方面存在的不足，本书旨在探讨一系列与配对关系相关的计量经济学模型。通过对模型的设定、估计和应用进行介绍，本书旨在展示这些模型的数理性质和实证研究成果。探讨这些计量经济学模型的意义在于填补当前分析配对关系问题方法的空白，为研究人员提供强有力的分析工具，以揭示经济活动中影响因素与复杂配对关系之间的联系。具体而言，本书将探讨一对一、一对多和多对多的配对问题，并分析配对主体之间连续、顺序和多项式等形式的共同决策结果。通过一系列算例和案例分析，深入剖析计量经济方法在理论和应用价值上的意义。这种计量经济学方法的提出将有助于金融、交通、教育等领域的前沿科学研究，为分析经济活动中的配对问题提供了基于计量分析的新视角。

本书共分为 9 章。首先，在第 1 章概述中详细介绍经济学中的配对关系，深入探讨两方市场中主体之间的相互选择和共同决策过程，并通过常见的经济学案例解析这些关系及其机制。

第 2 章进一步介绍有关配对过程的量化方法，包括代理人基模型、博弈论和运筹学。重点分析科学研究的前沿理论、方法和实践，特别是在配对关系研究领域获得诺贝尔经济学奖后的学术进展。

第 3 章聚焦与配对过程相关的计量经济模型及其应用场景，主要介绍空间交互模型和样本选择模型。通过航司 – 机场的合作和货运市场主体之间的合作两个场景，阐释配对现象及其数据的产生过程，并探讨既有方法在分析这些问题时的不足，进而提出一个理想的配对过程计量经济方法应具备的性质。

第 4 章探讨配对过程计量经济模型的设定。首先，定义能够表示两方市场中每一对主体配对关系的潜变量，并得到潜变量之间的排序规则，即成功配对主体的潜变量值大于未能成功配对主体的潜变量值。其次，设定成功配对主体的共同决策过程模型，并针对连续、顺序和多项式结果等不同数据形式进行探讨。在此基础上，通过方差分析的处理方法，对配对过程和共同决策过程进行联合建模，即通过误差项来考虑两个过程的同时性。

第5章介绍配对过程计量经济模型的参数估计方法。由于潜变量的存在和复杂的配对过程，传统的最小二乘法和极大似然估计法无法有效获取参数的值。因此，本书采用贝叶斯马尔科夫蒙特卡洛方法，基于参数的先验分布和似然函数推导出参数的后验分布，并通过数值模拟获得参数的估计值和置信区间。

为验证本书提出的参数估计方法的准确性，第6章进行一系列算例分析。每个算例分析都以人为设定的自变量数据为起点，根据预设的参数得到配对关系和因变量的值。然后，采用本书提出的估计方法对自变量和因变量建模，得到参数的值，并通过比较预设的参数值和估计得到的参数值来判断参数估计方法的准确性。为确保估计方法的普适性，该章还对多个算例的敏感性进行了分析。

第7章和第8章以航司－机场的合作和货运市场主体间的合作为例，对两方市场的配对关系进行计量经济学分析，展示本书提出的计量经济模型在实证研究中的应用。通过解释实证研究的经验数据、建模过程和结果分析，阐明该计量模型的理论贡献和现实意义。

第9章对配对过程研究进行了展望，从技术、方法、数据资源等方面进行了探讨，并指出了该研究问题未来广阔的发展空间。

总的来说，本书从对现实经济生活中配对关系的解析开始，针对既有的量化分析方法的不足，进行了关于配对过程的计量经

济学建模。通过模型设定、估计和应用，展示了本书提出的一系
列计量经济学模型的理论和实证价值。

　　本成果受到中国人民大学 2023 年度"中央高校建设世界一流
大学（学科）和特色发展引导专项资金"支持。

2023 年 8 月

于中国北京

目　录
CONTENTS

1

第1章 概 述

1.1 经济学中的配对关系

经济学中的配对关系通常指市场参与者之间基于选择和接受的搭配关系。在各个领域，包括劳动市场、商品市场和投资市场，配对关系对经济发展起着关键作用。配对关系涉及雇主和员工、买家和卖家、投资者和项目等市场参与者之间的互动和选择过程。通过选择和接受的搭配过程，市场参与者能够更好地满足彼此的需求，实现资源的优化配置和利益的最大化。

在劳动市场中，配对关系对于雇主和员工两方都至关重要。雇主需要找到适合公司业务发展的员工，而员工也需要找到适合自己的工作岗位以获得更好的工资待遇和发展机会。在这个配对过程中，雇主会考虑员工的技能和工作经验，而员工则会考虑工作环境和薪酬待遇等因素。优质的配对关系能够提高工作效率、创造更多就业机会，并推动技术进步和经济增长。

在商品市场中，买家和卖家之间的配对关系对于市场的繁荣至关重要。买家需要寻找符合自身需求的合适商品，而卖家则需要找到适合自己的买家以实现销售目标。在搭配过程中，买家会考虑商品的品质、价格和服务等因素，而卖家则会考虑市场需求和竞争状况等因素。优质的配对关系能够提供符合消费者需求的产品和服务，促进消费者满意度提高和市场繁荣。

在投资市场中，配对关系对于投资者和项目方都具有重要意义。投资者需要寻找符合自己需求的合适的投资项目，而项目方则需要找到适合自己的投资者以获得资金支持。在配对过程中，投资者会考虑项目的风险和回报等因素，而项目方则会考虑投资者的信誉和资金实力等因素。优质的配对关系能够推动资金流向创新领域，促进新兴产业的发展和经济的增长。

1.1.1　有关配对关系的经济理论

配对理论是经济学中研究市场配对关系的重要理论框架。它帮助我们深入理解市场参与者之间的配对过程，并解释了配对关系对经济发展的重要性。

配对理论提供了一种理论框架，用于分析市场参与者之间的选择和配对过程。它关注市场参与者的特征、偏好以及其他因素对配对成功率的影响。通过研究市场参与者如何搜索和选择最适合的配对对象，配对理论揭示了市场中的信息不对称、交易摩擦和资源配置效率等现象。

其中，搜索理论是配对理论的一个重要组成部分，它描述了市场参与者在配对过程中的搜索行为。搜索理论认为，市场参与者通过主动搜索来寻找最适合的配对对象。在劳动市场中，求职者会主动搜索招聘信息、提交简历以及参加面试，而雇主则会发布招聘广告、筛选候选人并进行面试。在商品市场中，买方会主动搜索产品的特点、价格和品牌声誉，而卖方则会通过广告、展览和在线平台来吸引潜在买家。搜索理论强调了信息获取和选择的重要性，以便找到最优配对。

配对函数是配对理论的另一个关键概念。它描述了配对关系的形成和演化。配对函数考虑了市场参与者的特征、偏好以及其他因素对配对成功率的影响。在劳动市场中，配对函数会考虑求职者的技能、经验和教育背景，以及雇主的要求和工作条件，从而决定双方之间的配对可能性。在商品市场中，配对函数会考虑买方的需求和偏好，以及卖方的产品特点和定价策略，以确定最适合的配对关系。配对函数的应用可以帮助我们了解市场参与者之间的潜在配对机制，并预测市场的运行和变化。

双边市场理论是一种用于研究具有买方和卖方之间互相依赖关系的市场的经济学理论。在这种市场中，买方和卖方的行为会相互影响，而不仅仅是单方面的供求关系。双边市场理论分析市场参与者之间的互动和交易规模的决定因素。它考虑到买方和卖方的偏好、定价机制、信息传递和市场均衡等因素，以解释为什么一些市场上的买方和卖方会形成稳定的配对关系。

1.1.2　配对关系的特性

首先，配对关系的形成通常是基于一个具有异质性和多样性的市场。这种异质性和多样性在配对过程中起着重要作用。多样性和异质性提供了更广泛的选择空间，使得市场参与者能够找到更适合自己需求的配对对象。在劳动市场中，雇主可能需要不同技能、背景和经验的员工来适应不同岗位的要求。同样，在商品市场中，消费者对于各种产品的需求和喜好也存在多样性。这种多样性和异质性促使市场参与者通过选择和接受的过程来形成最优的配对关系。

配对关系中的互补性指的是市场参与者之间在某些方面的互补特征或需求。互补性关系意味着市场参与者之间的配对可以相互弥补对方的不足，形成更加完整和有利的合作。在劳动市场中，一个雇主可能需要具备特定技能的员工，而这些员工可能需要特定岗位提供的资源和机会。他们之间的互补性关系可以促使双方通过配对来实现相互利益的最大化。同样，在商品市场中，互补性需求也起到重要作用。例如，一些产品可能需要与之配套使用的附件或服务，市场参与者可以通过配对来满足这种互补性需求。

配对关系的稳定性和持久性指的是市场参与者之间的配对结果在一段时间内保持相对稳定和持久的特点。稳定性和持久性是一个有效配对关系的重要特征。在劳动市场中，稳定的配对关系可以提高员工和雇主之间的工作满意度和忠诚度，减少劳动力的流动性。在商品市场中，稳定的配对关系可以建立品牌忠诚度和消费者的稳定购买行为。稳定性和持久性的配对关系有助于市场参与者建立长期的合作关系，实现更大范围的利益。

1.1.3　研究配对关系的意义

研究配对关系的意义在于基于对配对关系的研究，政策制定者可以通过深化和重塑配对关系优化资源配置、推动创新发展和经济增长，以及解决社会问题。通过深入了解配对关系的机制和影响因素，我们可以为经济和社会的发展提供有力的理论和政策支持。

研究配对关系可以帮助我们理解资源在市场中的分配及配置方式，从而促进资源的有效利用和最优配置。在劳动市场中，有效的配对关系可以将合适的人才与合适的岗位配对，提高生产力和效率。例如，优质的配对关系可以促进技术创新和知识传递，推动产业的发展和进步。在商品市场中，了解消费者需求和产品特性之间的配对关系可以帮助企业精准地满足消费者的需求，提高产品销售和市场份额。

研究配对关系对于推动创新和经济增长具有重要意义。通过了解市场参与者之间的配对过程，我们可以发现新的商机和合作机会。配对关系的研究有助于发现新的市场需求和产品创新，推动企业的竞争力和市场份额的增长。例如，在劳动市场中，人才与创新驱动型企业的配对可以促进新技术的开发和商业化应用。在商品市场中，了解供应链中不同环节之间的配对关系可以提高生产效率，推动产品的创新和优化。

此外，研究配对关系还可以帮助我们解决一些社会问题和不平等现象。了解不同群体之间的配对关系可以帮助我们发现存在的不平等和歧视现象，并采取相应的政策和措施来促进更公平的配对结果。在劳动市场中，了解性别、种族、教育背景等因素对配对关系的影响，可以推动性别平等和多元文化的发展。例如，通过研究和改善职业领域中的性别配对问题，可以促进女性在科学、技术、工程和数学等领域的平等参与。在住房市场中，研究配对关系可以帮助我们了解低收入群体和可负担房屋之间的配对情况，促进住房公平和社会稳定。

1.2　两方市场中的配对关系

在市场中存在着不同的交易结构，其中两方市场是一种常见的形式。在两方市场中，交易涉及两个主要的参与者：供应商和需求者。供应商提供商品或服务，而需求者购买或使用这些商品或服务。两方市场通常集中在某种特定的商品或服务上，并且参与者之间存在直接的交互或依赖关系。

然而，在实际的经济活动中，交易往往发生在更加复杂的多方市场中。多方市场是指涉及多个不同的参与者之间进行交易和互动的市场结构，这些参与者可以是买家、卖家、服务提供者、平台运营商等。在多方市场中，每个参与者都可以在平台上寻找到自己需要的产品、服务或信息，同时平台也会通过将多个参与者进行配对来促进交易的发生。多方市场中的交易往往涉及多个参与者之间的互动和依赖关系，通常需要平台或中介的协调和管理。

尽管如此，两方市场仍然是多方市场中的一个重要组成部分。两方市场是多方市场的基础，它是多方市场中两个主要参与者之间的核心交易模式。在两方市场中，供应商和需求者之间的交互对于市场的运作至关重要。两方市场是一种特殊的市场结构，它涉及供应商和需求者之间的直接交互和配对关系。在这种市场中，供应商提供商品或服务，而需求者购买或使用这些商品或服务。

两方市场的核心在于有效地将供应商和需求者配对起来，以促成交易的发生。

在实际的两方市场中，存在多种配对方式和机制。一种常见的方式是通过市场平台或中介来实现供需的配对。这些平台充当了信息传递和交流的桥梁，使供应商和需求者能够更容易地找到彼此。平台可以提供搜索、推荐、评价等功能，帮助供应商和需求者更准确地找到配对的对象。

此外，两方市场中的配对关系也受到供需双方的选择行为和策略的影响。供应商和需求者在选择交易对象时会考虑各种因素，例如价格、质量、声誉、个人偏好等。他们可能通过广告、推销和口碑传播等方式来提高自己的吸引力和可见性，以吸引对方进行交易。同时，他们也会进行筛选，以找到最合适的交易伙伴。

1.3　两方市场中主体的相互选择

在两方市场中，理解供应商和需求者之间的互动需要分析他们之间的选择行为和执行策略。供应商和需求者在进行交易时会考虑各自的利益和偏好，并在选择交易伙伴时进行决策。

首先，供应商在两方市场中面临着选择哪些需求者进行交易的问题。他们可能会考虑需求者的购买能力、偏好、忠诚度、声誉等因素。供应商可能会选择那些能够提供更高收益或具有更大市场潜力的需求者进行交易。此外，供应商也可能通过与需求者建立良好的关系、提供个性化的服务或利用市场平台等方式来吸引和留住优质的需求者。

与此同时，需求者在两方市场中也需要进行选择，以找到最适合自己需求的供应商。需求者可能会考虑供应商的产品质量、价格、信誉、服务水平等因素。他们可能会进行市场调研、比较不同供应商的优势和劣势，并根据自己的需求和偏好做出选择。需求者也可能通过与供应商建立稳定的合作关系、参考其他需求者的评价或借助市场平台等方式来提高自己的选择能力和获得更好的交易体验。

在两方市场中，供应商和需求者之间的相互选择会影响市场的动态和稳定性。供应商和需求者的选择行为可能会受到市场竞争、信息不对称、交易成本等因素的影响。他们可能会调整自己的选择策略，以适应市场变化和优化自身利益。同时，供应商和需求者的选择行为也会相互作用，彼此的决策可能会相互影响和调整。

了解供应商和需求者在两方市场中的选择行为和策略对于理解市场的运作机制和预测市场的发展趋势具有重要意义。同时，为供应商和需求者提供适当的信息和决策支持，以促进他们的选择优化和交易效率的提高，也是构建健康和可持续的两方市场的关键。

1.4 配对主体的共同决策

共同决策过程指的是多个市场主体在进行交易或合作时，需要共同做出决策的过程。在这个过程中，各个市场主体需要协商、沟通、交流信息，以共同决定达成交易或合作的条件和细节。共同决策在经济现象中扮演着重要的角色，它反映了市场主体之间的互动和合作。特别是在两方市场中，共同决策是供应商和需求者实现交易的关键步骤，不仅涉及价格的协商，还包括交货方式和时间、付款方式和形式、品质和售后服务等一系列因素。共同决策的质量和效率直接影响到交易的顺利进行和市场的稳定发展。

研究共同决策过程在经济学和管理学领域中具有重要的意义。它对于提升交易效率、优化资源配置和推动市场创新等方面具有积极的意义，有助于促进市场的健康发展和经济的稳定增长。通过深入研究共同决策过程，我们能够更好地促进交易的顺利进行。共同决策过程是交易成功的关键环节，通过协商和决策的共识，我们能够更好地理解市场主体之间的需求和利益，并达成双方都满意的协议。此外，研究共同决策过程还能够揭示其中的瓶颈和障碍，进而提高决策效率、缩短交易周期和降低交易成本。共同决策过程涉及市场主体之间的协商和决策，可以优化资源配置，实现资源的最优利用。通过研究共同决策过程，我们能够发现市场主体之间的信息差异和博弈行为，从而实现资源的最优配置。此外，共同决策过程的研究还能够揭示市场主体之间的需求和痛点，为推动市场创新提供新的解决方案。

在研究共同决策过程时，我们需要建立一些假设条件。常见的假设条件包括完全信息假设和同质性假设。完全信息假设假定市场主体拥有完全信息，能够充分了解市场的条件、需求和价格等信息。同质性假设则假定市场主体之间的特征和属性是相同的。这些假设条件在理论上对问题进行了简化，实际市场环境往往比较复杂。因此，在研究共同决策过程时，我们需要根据具体的市场环境和研究问题，适当调整和修正这些假设条件。

通过深入研究共同决策过程，我们能够更好地理解市场主体之间的互动和合作，优化交易效率、资源配置和推动市场创新。这些研究不仅能够为实践提供有益的参考，也能够为经济学和管理学领域的理论发展做出贡献。因此，进一步深入研究共同决策过程的机制和影响因素具有重要的意义。

第 2 章　配对过程的量化方法

经济活动中的配对过程可以用多种量化方法进行分析。这些方法基于不同的视角，应用场景也不同。本章主要介绍三种量化方法，包括代理人基模型、博弈论和运筹学。这些方法可以帮助我们更好地理解和分析经济活动中的配对过程，并为实践提供指导。

2.1　代理人基模型

2.1.1　代理人基模型简介

代理人基模型是一种用来描述参与配对过程的个体行为和决策的建模方法。它提供了一种框架，可以分析和预测个体在配对过程中的行为模式和策略选择。在代理人基模型中，代理人被视为理性的决策者，根据一定的目标和信息来做出决策。

代理人基模型是一种以代理人为中心的建模方法，用于研究个体在配对过程中的行为和决策。代理人可以是个人、组织、企业或其他参与者，他们具有一定的目标、偏好和信息。代理人基模型关注代理人之间的交互和决策过程，以及这些决策对整体配对过程的影响。

在代理人基模型中，代理人常常被假设为理性的决策者，他们追求自身的最大利益。这意味着代理人会根据其目标和信息来选择最优的策略。通常，个体的决策是基于效用函数的最大化，即代理人会选择使其效用最大化的策略。然而，在现实情况中，个体的决策往往受到有限的理性或其他因素的影响，因此有限理性代理人模型也被广泛应用于配对过程的量化方法中。有限理性代理人模型考虑了代理人在决策过程中的有限信息处理能力和有限的认知能力，代理人可能根据启发式规则、经验或有限的信息来做出决策。

代理人基模型提供了一种研究配对过程的有效工具。通过代理人基模型，我们可以深入了解代理人之间的交互和决策对市场效果的影响。这种模型可以帮助我们理解市场规模、市场结构、个体偏好等因素对配对结果的影响。同时，代理人基模型还可以通过对不同的参数和策略进行调整和优化，探索出最佳的市场规则和机制，从而实现最优的市场效果。

代理人基模型提供了一种灵活而有效的方法，可应用于经济学、社会学、计算机科学等多个领域。它在研究市场竞争、拍卖机制、社交网络等方面具有广泛的应用。通过对代理人基模型的深入研究，我们可以更好地理解和预测现实世界中的配对过程，并为决策者提供有价值的洞察和指导。

2.1.2　代理人基模型的发展历程

代理人基模型的演进经历了从简单理性到有限理性，从单个个体到多个个体，以及从静态模型到动态模型的过程。这些模型在描述和解释现实世界中的配对过程和群体行为方面发挥了重要作用，为我们提供了深入了解社会和经济系统的工具和框架。

早期代理人基模型的源头可追溯至 20 世纪 80 年代。那时，研究者开始尝试运用个体决策模型来描述市场和社会系统的行为。最初的代理人模型主要集中于个体之间的相互作用和决策过程，如博弈论中的个体决策和竞争行为。这些模型基于简化的假设，比如完全理性的代理人以及确定性的环境。

随着研究的深入，代理人基模型逐渐演变出更为复杂和贴近实际的特征。20 世纪 90 年代，研究者引入了有限理性的概念，认识到代理人的决策受到信息限制、认知局限和行为限制的影响。有限理性代理人模型成为代理人基模型中的重要支脉，更能够解释市场中观察到的现象，因为它更贴合现实世界中个体的决策过程。

另一个重要的发展是多代理人系统的研究。代理人基模型从单一个体的行为扩展到多个个体之间的互动和协作。这个拓展使得研究者能更好地理解群体行为、社会网络以及市场竞争等现象。多代理人系统模型为研究者提供了分析和预测复杂系统动态的方法，已在经济学、社会学和计算机科学等领域广泛应用。

近年来，随着计算能力的增强和数据的丰富，代理人基模型进一步得以发展。复杂网络、机器学习和大数据分析等技术的应用使得代理人模型能更准确地捕捉现实世界的复杂性和多样性。同时，不同学科领域的交叉合作也助推了代理人基模型的发展，例如行为经济学、计算社会科学和人工智能等。

2.1.3 代理人基模型的应用

代理人基模型作为一种强大的建模工具，在多个领域得到了广泛的应用。它的灵活性和可扩展性使其能够用于研究和解决各种实际问题。代理人基模型的发展历程经历以下几个阶段：

早期模型：20 世纪 70 年代至 80 年代，代理人模型主要被用于研究个体决策行为和复杂系统的自组织性质。其中，谢林（Schelling，1971）的种族隔离模型是代表性研究之一。谢林通过简单的规则模拟了种族隔离现象，并发现即使没有种族主义者的存在，隔离现象仍然会出现。这标志着代理人基模型的诞生。

20 世纪 80 年代，随着计算机技术的迅速发展，代理人基模型得以在大规模、复杂的系统中应用。这个时期，模型应用的范围扩展，涵盖更广泛的领域。

20 世纪 90 年代以后，代理人基模型在经济学、生态学、城市规划等领域得到广泛应用，并成为研究社会复杂性和系统动力学的重要工具。这个时期，研究者们逐渐认识到代理人在决策过程中受到有限理性和信息限制等因素的影响，模型更加接近现实情况。

21 世纪以来，代理人模型成为一个跨学科研究领域，应用范围涵盖经济学、社会学、计算机科学、心理学、生物学等多个领域。这个阶段，代理人基模型结合了各领域的知识，得到了进一步的发展和应用。

代理人基模型具备模拟个体异质性和复杂交互行为的能力，能够考虑不同个体之间的差异，并模拟其错综复杂的互动，从而更加逼近真实生活中的配对过程。此外，该模型还具备模拟多样市场机制和交易规则的潜力。通过引入多样的信息传递途径、定价规则、交易双方的利益关系等，代理人基模型能够更准确地映射出真实生活中的市场环境。值得注意的是，代理人基模型允许实验和数值模拟，从而能够通过这些手段进行验证和优化，更全面地理解真实生活中的配对过程，并为政策制定提供可靠参考。

代理人基模型已经在各个领域得到了广泛应用。在金融市场方面，可以运用代理人基模型来分析投资决策、价格形成和风险管理等问题。比如，通过模拟投资者的行为和互动，代理人基模型能够预测股票价格的变化趋势。在社会网络分析方面，该模型可以用于研究信息传播、影响力扩散和群体行为等问题。通过模拟社交媒体用户之间的信息传播和互动，代理人基模型有助于预测热门话题的出现和演化规律。在城市交通分析方面，代理人基模型可以应用于拥堵、路况变化和出行行为等问题的分析。例如，模拟城市居民的出行选择和交通拥堵情况，可以预测城市交通的状况和未来趋势。此外，代理人基模型还可以用于分析环境污染、资源利用和生态保护等问题。通过模拟企业的污染排放和政府的环境政策，可以预测环境质量的变化和政策的效果。

然而，代理人基模型存在着许多不足，在对配对过程进行建模时尤为显著。首先，模型的假设难以完全契合实际情况，从而导致模型的结果与真实情况存在一定偏差。例如，代理人基模型常常忽略了一些环境因素对配对过程的影响。然而，在实际情况下，各种环境因素可能对配对过程产生重要影响，如市场的供需关系、价格以及竞争情况等。此外，代理人基模型需要选择大量参数来描述代理人的行为和环境特征，而参数的选择往往具有挑战性，可能需要通过试验和模拟来进行优化，从而可能导致计算时间和成本较高，且难以进行解释。模型对数据中的异常值和噪声也可能表现出敏感性，由此影响结果的准确性。另外，由于代理人行为和环境因素的变化，模型的鲁棒性可能会面临挑战。

以下是一些关于代理人基模型的重要文献。

班克斯（Bankes，2002）对代理人基模型进行了全面综述，将其定义为一种借助计算机技术来模拟社会系统和个体行为的方法。代理人基建模的核心思想是将个体视为自主决策的代理人，并将这些代理人置于真实或虚拟环境中，以探索他们的相互作用和行为。在该论文中，作者详尽地介绍了代理人基建模的优势，其中包括能够模拟更为复杂的现象，更为准确地捕捉系统的动态过程，以及更好地理解微观行为与宏观结果之间的关系。此外，作者还描述了代理人基建模在不同领域的应用，涵盖了经济学、社会学、心理学、政治学以及环境科学等。最后，该论文还提出了一些关于代理人基建模未来发展的问题和挑战，包括如何有效构建代理人行为模型、如何更加有效地处理复杂性和不确定性，以及如何在代理人基建模与其他建模方法之间实现更好的整合等议题。

博纳博（Bonabeau，2002）的论文主要介绍了代理人基模型的方法和技术，以及它在模拟人类系统中的应用。作者首先介绍了代理人基模型的定义和基本概念，包括代理人、环境和行为规则。其次，作者讨论了代理人基模型的建模过程，包括问题定义、模型设计、实验设计和数据分析。再次，作者介绍了代理人基模型的实现技术，包括程序设计语言、仿真平台和数据可视化。在此基础上，作者详细介绍了代理人基模型在社会科学领域的应用，包括经济学、社会学、政治学和心理学等。最后，作者总结了代理人基模型的优点和局限性，并提出了未来研究的方向和挑战，例如如何处理不确定性、如何在不同尺度和层次上进行建模，以及如何评估模型的效果等。

梅西和威乐（Macy & Willer, 2002）的研究主要探讨了计算社会科学和代理人基建模在研究中的角色。他们认为传统的社会科学理论依赖因果因素，即社会现象由特定因素引起，而这些因素通常被视为已知量。然而，随着计算机技术的进步，代理人基建模逐渐成为研究社会现象的有力工具。代理人基建模是一种基于计算机程序的仿真方法，它可以将社会系统中的个体视为具有行为能力的代理人，通过与其他代理人互动来推动社会进程。因此，代理人基建模使研究者能够将个体和微观过程纳入社会系统的研究，并模拟复杂的社会现象及其演化规律。该研究介绍了代理人基建模的基本原理和优势，并列举了几个应用案例，包括市场竞争模拟、文化传播模拟以及社会网络模拟。最后，研究探讨了代理人基建模的局限性，同时指出将代理人基建模与传统社会科学方法结合，能更好地解释社会现象。

阿克塞尔和法默尔（Axtell & Farmer, 2022）的论文主要介绍了代理人基模型在经济学和金融学领域中的应用。首先，作者回顾了代理人基模型在经济学和金融学中的发展历程，包括早期的市场模型、现代金融市场模型和行为金融学模型。其次，作者详细介绍了代理人基模型在经济学和金融学中的应用，包括风险管理、投资决策、市场微观结构、货币政策和宏观经济模型等。文章还探讨了代理人基模型在经济学和金融学中的未来发展方向，包括如何更好地处理不确定性、如何构建更加精细的行为模型，以及如何将代理人基模型与其他建模方法进行整合等。最后，作者总结了代理人基模型在经济学和金融学中的优点和局限性，并指出了未来需要解决的一些关键问题。

法格南特和科克曼（Fagnant & Kockelman，2014）的研究论文探讨了共享自动驾驶汽车对出行和环境的影响，并运用代理人基模型构建了不同场景的模拟，进行了比较分析。首先，论文介绍了共享自动驾驶汽车的基本概念和特征，以及目前研究的现状和主要挑战。其次，他们提出了利用代理人基模型对共享自动驾驶汽车的出行和环境影响进行建模的方法，并详细描述了模型的构建和参数设定。在此基础上，他们设计了多个场景，考虑了不同因素，如车辆共享率、车辆使用率、车辆性能、路线选择等。通过对这些场景的模拟和比较，分析了共享自动驾驶汽车对出行和环境的影响。研究结果显示，与传统车辆相比，共享自动驾驶汽车能够减少交通拥堵、节省能源、降低排放等，但也存在着车辆共享率低、车辆性能差、路线选择不定等问题。最后，总结了研究结果，并提出了未来研究的方向和建议，例如模型改进、数据获取和处理等方面。

阿尔桑贾尼等（Arsanjani et al.，2013）的论文探讨了如何利用代理人基模型来模拟城市增长模式，以德黑兰市为例进行了研究。作者结合地理信息系统和遥感数据，通过构建代理人模型来模拟城市的土地利用变化和人口增长，进行了空间和时间尺度的模拟，并对模拟结果进行了多方面的分析。这些分析包括城市增长的空间和时间特征、城市增长的影响因素、不同发展策略对城市增长的影响等。研究结果表明，代理人基模型可以有效地模拟城市增长的空间和时间特征，并且可以对城市增长的影响因素进行分析和预测。除此之外，作者还提出了一些关于城市增长管理和规划的建议，例如制定合适的土地利用政策、建立有效的城市规划和管理机制等。

2.2　博弈论

博弈论作为数学的一个分支，专注于研究多方参与者在决策制定过程中相互作用所带来的影响以及最终决策的结果。它在解决各类问题时发挥着关键作用，涵盖了社会科学、生物学、经济学、工程学等多个领域。博弈论通常涉及一组参与者，这些参与者根据给定条件做出决策，以追求个人利益的最大化。然而，博弈论不仅停留在理论探讨，还在实际应用中展现出重要价值，如金融、市场竞争、政治、军事等领域。

博弈论在处理各类配对问题方面具备广泛的应用，尤其涉及决策与策略的情境。其中，常见的应用之一是在"婚姻市场问题"中，该问题也被称为稳定婚姻问题。这类问题旨在在一个男女数量相等的婚姻市场中，使每位个体找到最佳伴侣，同时排除任何两个个体倾向于彼此搭配的情况。博弈论提供了一种被称为"Gale – Shapley 算法"的稳定婚姻算法，该迭代算法逐步形成男女的配对。此算法从男性的角度开始，每位男性逐一选择心仪的女性，如女性尚未有选择，则配对达成。如女性已被选，则男性继续选择下一位心仪女性。若一位女性受多位男性青睐，她将选择最中意的男性，并婉拒其他男性。此流程持续进行，直至无更佳配对为止。博弈论不仅限于稳定婚姻问题，还广泛适用于其他配对问题，例如工作者与职位、学生与学校、投资者与资产等。通过博弈论方法，可找到最优的配对策略，实现资源最大化利用与效率提升。

在运用博弈论解决配对问题时，通常需要基于一些前提假设。首先，我们假设参与者是理性的，即他们会根据自身利益做出最优决策。其次，我们假设参与者拥有完全信息，即他们对其他参与者和可能的策略有全面的了解。再次，我们还需要假设参与者之间不存在合作或协调的可能性，他们只能通过采取对抗性策略来追求自己的利益。最后，我们常假设配对问题的环境是静态的，即参与者的策略和偏好在整个博弈过程中保持不变。然而，这些假设有时可能过于理想化或不切实际。因此，在实际应用中，我们需要对这些假设进行适当的修正和调整，以更准确地反映真实情况。

博弈论在解决配对问题上展现出明显的优越性。它为我们提供了一种高效的解决途径，通过对各方参与者的利益和行为进行建模，我们可以预测不同策略下每个参与者的收益和风险。博弈论创造了一个数学模型，通过深入分析各方的策略和行为，找到了一个平衡状态，即纳什均衡点，以最大化各方的利益，从而达到最优解。此外，博弈论还能够充分考虑参与者之间的合作与竞争关系，透过对各种可能情景的深入剖析，制定出最优策略。因此，博弈论为解决配对问题提供了高效途径，为决策者提供了可靠的决策依据。

　　尽管博弈论在应对配对问题时具备优势，但它同样面临一些缺陷。首先，博弈论假定个体的行为是理性和自私的，但在实际生活中，其他因素如道德、文化、信仰等也可能左右个体的行为，这些因素可能导致博弈论模型的失效。其次，博弈论模型需要大量信息的支持，包括个体的利益、策略、概率分布等。然而，这些信息的获取可能并不容易，或者可能存在不准确性，从而可能导致模型的误差。再次，博弈论模型通常假设个体之间是独立且对等的，然而现实中个体之间的关系可能极为复杂，例如社交网络、组织结构等，这些关系可能会影响配对结果。最后，博弈论模型常常是静态的，未考虑时间因素。然而，实际情况中时间因素可能对配对结果产生重要影响，例如竞技比赛的配对、建立长期合作关系等。因此，博弈论在解决配对问题时也存在一定的局限性。

　　盖尔和沙普利（Gale & Shapley，1962）运用博弈论的方法成功解决了大学录取和稳定婚姻问题。他们提出了著名的盖尔 - 沙普利算法，通常称为婚姻算法，用于实现稳定的配对。该算法保障了每个人都与他们最优选的伴侣配对，并且确保这些配对是稳定的，即没有人愿意与其他人更配，而不是他们现有的配对。这篇里程碑性的论文为博弈论中的稳定配对理论奠定了坚实基础，也广泛应用于医疗分配、职位分配、住房分配等多个领域。

　　罗斯和索托马约尔（Roth & Sotomayor，1989）在他们的研究中主要讨论了大学招生过程中的稳定配对问题，即如何确保学校与学生之间的配对既稳定，又不容易被其他组合所取代。他们提出了一种新的招生机制——"稳定的选择和稳定的对应"机制，并证明了该机制可以确保所有配对都是稳定的，即不存在任何学校和学生之间的"替代方案"。这一研究为解决招生问题提供了全新的思路，并在理论与实际中得到了广泛的应用。

莫滕森（Mortensen，1982）在他的研究中深入探讨了在配对、竞速以及类似游戏中产权的作用对市场效率的影响。他的论文详细介绍了多种模型，以描绘这些博弈情境，并分析了不同情况下市场效率与产权分配方式之间的相互关系。这其中包括了在信息不完全的背景下，产权如何塑造市场效率的影响；在竞速环境中，如何分配奖励以最大化市场效率。这些研究成果深化了我们对市场中配对机制的理解，为博弈论领域带来了崭新的思考视角。

莫滕森（Mortensen，1988）引入了配对理论的概念与应用，深入探讨了不同市场中的配对过程与机制，涵盖了劳动市场、婚姻市场以及医疗市场等多个领域。他运用博弈论和最优控制理论，首创性地提出了"搜索成本"和"事务成本"这两个新颖概念，从而解释了在某些市场中，市场参与者为了获得更优配对结果，可能需要在搜索过程中投入更多成本或在事务中支付更高代价。这篇论文的重要价值在于，不仅构建了一种适用于多种市场的通用配对模型，还在理论和实证研究中验证了该模型的有效性和实际应用前景。

莫滕森和克里斯托弗（Mortensen & Christopher，1994）提出了一种用于解释失业和劳动市场动态的模型。他们认为，劳动市场并非一个完全的市场，而是一个存在"招聘成本"的市场，雇主需要花费时间和资源来招聘和培训新员工，同时求职者也需付出时间和努力来寻找新的工作机会。这些成本导致劳动市场存在摩擦性失业，从而影响了失业率和劳动力参与率。该模型将劳动市场视为一个配对市场，失业和就业的波动取决于企业和求职者之间的配对率以及招聘成本。这一模型被广泛用于研究劳动力市场的运作，对经济学领域的劳动力市场研究产生了深远的影响。

2.3　运筹学

运筹学是一门应用数学学科，专注于解决复杂决策问题，旨在制定最佳方案以实现效益的最大化或代价的最小化。其研究范围涵盖广泛，包括线性规划、整数规划、随机规划、动态规划、网络流、排队论、决策分析、多目标决策等领域。运筹学运用数学、统计学、计算机科学等多种工具和方法，用于分析和解决实际问题。这门学科可以广泛应用于工业、商业、政府、医疗等多个领域，协助组织和个人做出更明智的决策，提升效率和经济效益。

在运用运筹学来解决配对问题时，通常我们需要假设每个参与者都能够明确地对所有可选项进行偏好排序，这些偏好是已知的且保持不变的。此外，通常我们也会排除外部的限制条件，比如预算限制或时间限制，以及不确定性因素，例如未知的参与者数量或模糊的参与者偏好。在配对问题中，我们同样也会常常假设所有参与者的目标都是为了最大化个人的满意度或效用。这些假设有助于将配对问题形式化为一个数学优化问题，进而运用运筹学技术来加以求解。

利用运筹学解决配对问题具备许多优势。首先，运筹学方法能够将配对问题以数学模型的形式进行清晰地描述，并提供高效的算法来找到最佳配对方案。其次，这些算法能够在短时间内快速求解最优解，从而大幅提高配对效率。再次，运筹学方法还能够综合考虑多种限制条件，比如稳定性和平衡性，以确保所得的配对方案更具公平性和稳定性。最后，该方法还可以通过模拟实验评估各种不同的配对方案效果，为决策者提供有力的决策支持。总之，借助运筹学解决配对问题，可在高效性、公平性以及稳定性等方面具有显著优势，助力决策者做出更加科学和明智的决策。

虽然运筹学在解决配对问题方面表现出许多优势，但也存在一些值得关注的限制。首先，运筹学模型通常需要借助计算机软件来进行求解，在处理规模较大或复杂度较高的问题时，可能需要较长的计算时间。其次，运筹学模型在解决问题时需要对实际情境进行一定程度的抽象和简化，这可能会忽略部分现实世界的细节或难以捉摸的因素，从而导致模型结果与实际情况存在差异。再次，运筹学模型的应用需要依赖精准的数据和准确的参数，若数据质量有限或参数估计存在误差，可能会影响模型的准确性和应用效果。最后，运筹学方法往往基于假设下的理性行为，而现实中人类的行为往往受到非理性因素的影响，因此在某些情境下，运筹学模型的结果可能与实际情况不完全一致。

在解决配对问题时，运筹学方法和博弈论方法的主要差异在于它们对问题的建模和分析方式。运筹学方法通常将配对问题视为最优化问题，即在满足一定约束条件的前提下，寻找最优的配对方案，以使特定目标函数达到最佳。这种方法着重于计算和优化，通常适用于固定的配对模型，例如稳定婚姻问题和招聘问题等。而博弈论方法则将配对问题看作一种博弈，即参与者通过制定策略和相互作用，达成一种稳定状态。这种方法强调分析和理解参与者之间的互动和策略选择，通常用于动态变化的配对模型，如网络配对问题和交易市场问题等。因此，选择运筹学方法还是博弈论方法，取决于具体问题的背景和建模需求。

祖比萨雷塔（Zubizarreta，2012）提出了一种整数规划的新方法，用于研究配对问题。这一方法旨在更好地匹配研究对象，以实现更准确地比较。与传统方法不同，这种新方法侧重于确保匹配对象在某些特征上更相似，而不仅仅是减少它们之间的差异。这种方法能够综合考虑多个方面的配对，更有效地实现平衡。

维拉乔蒂萨提安等（Wiratchotisatian et al.，2022）对多对一配对问题中的稳定解进行了深入研究，这类问题常伴随着偏好列表的不完整性和并列情况。研究团队提出了一种创新的整数优化方法，相较于传统算法，这一方法更具通用性和适用性。研究中引入了新的约束集以确保配对结果的稳定性，并设计了加速约束生成的算法。通过实验验证，研究团队充分证明了这一方法在多个情况下的优越性，特别是在学校选择和医院住院配对等实际场景中展现出显著效果。

第 3 章　与配对过程相关的计量经济
　　　　建模及其应用场景

　　代理人基模型、博弈论和运筹学等方法从不同的角度分析了配对关系，而计量经济模型则通过实证数据提取重要信息，以寻找所关注因素与配对现象之间的因果关系。以交通运输领域为例，计量经济模型可以利用收集到的数据来解释和预测出行特征。这些模型广泛应用于传统的四阶段法的所有步骤。计量经济模型还被用于分析服务绩效、公共管理、土地利用等许多重要主题。一般的计量经济模型将单一个体视为唯一的决策者，并在此基础上发展了各种高级模型，进一步考虑面板数据、时间序列、空间效应和个体异质性等特征。然而，由多个决策者共同决定的现象尚未得到足够的关注。虽然研究指出多个决策者之间的相互作用非常重要，但在学术界仍迫切需要具有突破性的计量经济方法。目前，多个决策者涉及的计量经济模型主要分析家庭内部的交互影响。这些研究假设决策者之间的联系是预先确定的，并且与最终的决策结果无关。至于解释决策者选择与对方合作的原因，只有少数配对模型部分回答了这个问题。

3.1　基于计量经济模型配对过程的因果识别

分析配对过程形成的计量经济方法具有相对较短的历史。2010 年，莫滕森因为对带有搜索摩擦市场的分析而获得经济学诺贝尔奖，该分析清楚地解释了合作伙伴选择的过程。当观察到配对关系时，配对模型可以分析配对关系形成的因素。典型的配对关系数据包括公司之间的商业合作关系、男女之间的婚姻数据以及球员与球队之间的协作关系等涉及合作的数据。这些数据背后的基本经济学理念是，决策者希望与最具吸引力的伙伴进行配对，以实现个人利益的最大化。计量经济模型通过确定决定观察到的配对关系的影响因素并估计这些因素的参数，从而获得因果推断。

索伦森（Sørensen，2007）关于配对关系的重要学术论文聚焦于配对关系，尤其关注了银行与公司之间配对成功与公司上市成功率之间的关联。研究运用了双边配对模型，从而更好地理解这些现象。首先，论文利用潜变量方程解释了银行与公司配对的效益，接着通过二项模型解释了公司上市情况。其中，第一个方程关注了所有可能成功配对的效益，而第二个方程则专注于已成功配对的公司与银行间的关系，这样的区分产生了样本选择的过程。为了估计这两个方程中的参数，论文采用了贝叶斯马尔科夫链蒙特卡洛方法。该论文的一大创新之处在于提出了一个基于双边配对模型的风险投资模型，用以描述投资公司与企业之间的配对过程。这一模型框架帮助研究人员更深入地理解风险投资市场的运作，并建立了投资公司与企业间相互作用的模型。研究还发现，风险投资公司的投资决策并不一定比其他投资者更为明智，因为他们可能受到不同的激励和限制。因此，该研究不仅为风险投资市场提供了更全面的理解方式，还为相关领域的研究提供了新的观点和方法。

这一模型框架为后续研究奠定了基础，扩展至序数和多项式模型，以更全面地解释共同决策形式。另外，本研究还强调了空间效应，并将配对关系从一对多的情况扩展到多对多的关系。

基于计量经济学的配对模型也在其他实证研究中受到了一些关注。例如，陈家伟（Chen，2013）提出了一种合作关系中每个合作伙伴个体经济效用的模型，用于分析银行贷款的溢价。这篇论文的主要贡献在于引入了一种新的方法来估计贷款利差方程，该方程考虑了银行和企业配对的内生性。在此之前，许多关于贷款利差的研究都没有考虑到这个因素，导致了估计结果的偏误。作者在这篇论文中提出了一个基于结构经济模型的估计方法，可以同时考虑到内生配对和其他影响贷款利差的因素，如风险、市场条件和银行特征。这个方法可以更准确地估计贷款利差的影响因素，有助于更好地理解银行和企业之间的关系，以及它们对经济发展的影响。这项研究是对索伦森（Sørensen，2007）的扩展，后者研究了成对合作伙伴的效用，而非分别考虑决策者的效用。然而，将该模型扩展到有序结果时可能会遇到估计过程中的参数识别问题。除了该论文之外，几乎没有其他的研究以类似的样本校正方式进行建模，尽管确实存在一些使用不同的估计方法或不考虑相互选择过程的研究。例如，朱和萧（Choo & Siow，2006）从市场的角度研究了稳定的配对关系，而非从每个决策者的角度出发。类似的婚姻分析也可以在萧（Siow，2008）的研究中找到。希奇等（Hitsch et al.，2010）还分析了一个婚姻数据集，但该方法没有考虑通过排序成对效用来实现的相互偏好。

3.2　引力模型与样本选择模型

计量经济学领域中的空间交互分析是一个重要的研究话题，因为多个决策者的不同位置通常呈现出一定的空间模式。长期以来，对空间交互作用的分析主要依赖于集计模型，例如投入产出模型（Leontief，1936）和引力模型（Huff，1963）。这些模型假设决策者可以由同质的地理区域表示，通常是根据地理、经济和行政划分的人口普查分析单元。例如，贸易流通通常通过起点和终点区域的特征来概括，而不是对个体和公司进行细分以把握其发送和接收货物情况。这种集计模型可以减少数据要求和计算负担，但无法把握决策者个体的异质性。

在分析空间关系时，最常用且传统的方法是引力模型。引力模型表明，大型经济体之间的出行、贸易、移民等需求要比小型经济体之间更强，而距离较近的经济体之间相互吸引力更强。在引力模型的研究中，主要关注阻力项（Rose & Van Wincoop，2001）（Santos Silva & Tenreyro，2006）、零贸易流量和距离测量（Limao & Venables，1999）等因素。作为引力模型中的重要因素，距离可以通过不同的方法来刻画。常用的方法是考虑地区中心之间的距离。根据地区的特点，中心通常是首都、最大城市或地理中心。一些文献还考虑了其他邻近性测度，如贸易成本、市场准入、经济地理和语言相似性等因素，这些因素也被认为是引力模型中距离概念的扩展。

然而，这些分析往往将区域内的具体特征简化为单一的地理区域，这些区域通常是基于地理、经济和行政划分的普查分析单元。例如，货物流量通常通过起点和终点的特征来概括，而不是具体考虑实际运输和收货的个体企业和个人。这种集计模型适用于低精度数据，并且不需要高计算能力的计算机，但其缺点是无法把握个体的异质性。

离散因变量模型的发展（McFadden，1971）使得研究者能够在个体层面进行分析。然而，受到行为框架的限制，这些模型通常必须假设决策是由单个个体做出的。以贸易市场为例，供应商或客户中的一个决定运输的频率，而不是两者共同决定。有时，对方的特征被视为外生变量，用于解释供应商（或客户）的行为。近年来，研究者开始探索集体决策模型，主要关注家庭内部的合作，以把握多个决策者共同决策的现象。斯里尼瓦桑和巴特（Srinivasan & Bhat，2005）通过研究家庭成员之间的相互作用来调查家庭活动旅行模式，提出了一种模型，用于研究家庭成员在日常生活中参与家务和非家务活动的相互影响关系。该研究认为，一个家庭成员参与一项活动时，其他家庭成员的活动会受到影响，因此需要考虑家庭成员之间的相互作用。为了研究这种相互作用，该论文提出了一个计量经济模型，包括家庭成员之间的相互影响和家庭成员之间的异质性。通过该模型，论文得出了关于家庭成员活动模式的结论，有助于更好地理解家庭成员在日常生活中的活动行为。张峻屹等（J. Zhang et al.，2009）研究了考虑异质性群体决策机制的家庭离散选择行为，不同的家庭成员之间存在决策机制的异质性。为了考虑这种异质性，论文提出了一个模型来模拟家庭成员的离散选择行为，该模型同时考虑了家庭成员之间的相互影响和异质性。具体而言，论文中提出了一个基于随机效用理论的模型，可以反映家庭成员之间的相互作用和不同的决策机制。在模型的实证分析中，研究者使用了日本家庭的出行数据，研究了家庭成员在选择不同出行方式时的决策行为。研究结果表明，考虑到家庭成员之间的相互作用和异质性后，能够更好地解释家庭成员的选择行为，并且对于制定出行政策和规划具有实际应用价值。然而，文章的基本假设是家庭成员之间的配对关系是预先确定的，并不受共同决策过程的影响。

现有模型的一个关键限制是对决策者之间关系的处理。在空间经济活动中，通常涉及多个位于不同地点的决策者（例如货物交易中的发货人和收货人，公司中的工人和雇主）。将焦点放在其中一方或将双方视为一组决策者意味着无法清晰地了解决策者之间的空间关系，以及两方市场中的配对关系被限定为预先假定的，不会受到空间活动共同决策的影响。这种假设可能适用于基于长期合同而产生的空间活动，例如工人的通勤活动和大型生产者与消费者之间的批量交付。然而，越来越多的空间活动似乎是由临时配对的决策者共同构建的。这些空间活动的特征是决策者的配对过程受到他们共同决策的影响。此外，在配对过程中，决策者之间的空间关系也起着关键作用。

本书讨论的模型旨在解释配对关系的形成以及配对成功的决策者的联合决策。模型的基本思想是使用两个计量经济方程来建模，而建模过程中的一个重要问题是两个方程中的样本数量不同。第一个方程用于对所有潜在的配对关系进行建模，而第二个方程仅对成功的配对关系进行建模，这种类型的方程组类似于样本选择模型。常见的样本选择模型首先使用二项响应模型选择子样本，即只有这部分子样本的联合决策才能被观察到。因此，样本选择模型关注于纠正由非随机抽样引起的偏差（Heckman，1979）。样本选择方程，即方程组中的第一个方程，通常是一个包含所有样本的二项选择模型。而第二个方程通常是一个多元回归模型，该模型仅包括在二项响应模型中被选择出来的样本。

例如，在交通领域，拉什迪等（Rashidi et al.，2012）采用样本选择模型来纠正因从特定类型的邻居中选择样本而引起的偏差。他们提出了一个基于行为的住房搜索模型，通过采用两个阶段的方法来形成选择集和选择位置。这个模型将搜索过程视为连续的决策过程，通过对居民的行为模式进行建模来预测他们在住房选择中所做出的决策。首先，文章采用基于危害率的方法来预测住房搜索过程中可能遇到的障碍和可能的选择集。其次，他们使用多项式逻辑回归方法来预测住房位置的选择，该模型同时考虑了个人的偏好和环境因素。这项研究提出的模型不仅考虑了个人的行为特征，还考虑了住房市场的复杂性和不确定性，对于房地产市场研究和住房政策的制定具有重要意义。

范斯和约瓦娜（Vance & Iovanna，2007）研究了汽车出行需求的决定因素，通过考虑性别并采用样本选择模型，他们探讨了性别对非工作服务出行的影响。通过对美国家庭出行调查数据进行分析，作者比较了男性和女性在非工作服务出行方面的差异。研究结果显示，女性比男性更倾向于使用汽车进行非工作服务出行，尤其是在照顾家庭和亲友方面。此外，女性的服务出行距离和时间也更短。这些结果表明，在交通规划和政策制定中，需要更加重视性别差异，以满足不同性别的出行需求。

有关样本选择偏差的统计检验是通过评估选择方程和结果方程之间的相关性来进行的。如果两个方程是独立的，那么样本选择模型可以简化为两个独立的回归模型。需要注意的是，模型选择在学术界仍存在争议。一些研究指出，在某些特定的数据生成过程中，即使样本选择模型是真实模型，两个独立的回归模型可能会表现更好（Hay et al.，1987）。

3.3　航司 – 机场的合作

在社会经济活动中存在着众多的配对关系，航空公司和机场之间的配对关系是学术界关注的研究话题。随着航空市场的商业化和私有化，航空公司和机场将彼此视为商业伙伴，并形成了复杂而深入的合作关系。航空公司和机场之间的合作旨在提高航空业的运营效率和效益。这种合作涵盖了营销合作、航线合作、设施共享和收益共享等多个方面。在营销合作方面，航空公司和机场可以通过相互宣传来提高彼此的知名度和业务量。例如，机场可以为航空公司提供免费或优惠的广告，以帮助宣传航空公司的航线和服务。在航线合作方面，航空公司可以与机场合作开通新的航线，共同探索新的市场，丰富旅客的出行选择。此外，航空公司还可以通过与机场合作制定航班时刻表，以最大化地利用班机和机场资源。在设施共享方面，航空公司可以与机场共享设施和服务，如航站楼、登机口、检票柜台、行李处理系统和地面服务等。这可以减少航空公司和机场的成本和资源浪费。在收益共享方面，航空公司和机场可以通过机场服务费、降落费和起飞费等方式共享收益。这可以帮助航空公司和机场共同分担经营成本和风险，实现互惠互利的合作。总的来说，航空公司和机场之间的合作是航空业发展中至关重要的一环，可以提高航空业的效率和效益，实现共同发展。

虽然航空公司和机场之间的合作提升了航空运营的效率，但也存在一些弊端。首先，这种合作可能导致垄断。一旦某对航空公司和机场之间形成了合作关系，就很可能使得其他航空公司和机场难以进入该市场。这可能导致市场的垄断，限制旅客的出行选择，并可能影响票价。其次，合作可能导致不公平竞争。如果某些航空公司和机场之间达成了特殊协议，其他航空公司和机场可能被排除在合作之外，从而引发不公平竞争。这可能损害市场的公平性和竞争性，对消费者不利。再次，合作还可能导致效率下降。如果航空公司和机场之间的合作不协调，可能导致资源的浪费和效率的降低。例如，航空公司和机场之间的航线计划不协调可能导致航班延误增加和旅客投诉上升。最后，合作还可能影响政策制定。如果航空公司和机场的利益与政策制定者的利益不一致，可能会影响政策的制定和落实，对航空业的可持续发展不利。

航空公司与机场之间的合作类型可以根据不同情况进行定义。符啸文等（X. Fu et al., 2011）总结了以下类型的合作关系：机场与航空公司战略合作关系、航空公司拥有机场设施的控制关系、航空公司长期驻扎机场的使用关系、机场向航空公司发行营收债权以及机场与航空公司之间的收益共享等关系。阿尔伯斯等（Albers et al., 2005）则讨论了不同国家航空公司和机场之间的合作关系。在不同的国家，航空公司与机场之间的合作类型会有一定差异。例如，不同国家的航空公司与机场之间的合作模式可能不同。在美国，航空公司和机场之间的合作通常以市场竞争方式进行；而在中国，航空公司和机场之间的合作则常采用政府主导的方式进行。不同国家的航空公司和机场之间的收益共享模式也可能不同。在欧洲，航空公司和机场之间通常采用"单一收益池"模式，即所有收益汇入一个池子后再进行分配；而在美国，航空公司和机场之间的收益共享通常采用"交叉补贴"模式，即航空公司支付机场费用后，机场通过向航空公司提供服务等方式进行补贴。不同国家的航权分配方式也可能影响航空公司和机场之间的合作类型。在欧洲，航权分配主要根据"使用与需求"原则，即航空公司的航班频率和质量会影响航权的分配；而在中国，航权分配则更多考虑政府的政策因素，如促进经济发展和支持民航产业等。

在北京首都国际机场，中国国际航空公司与北京首都国际机场之间的合作关系密切，不仅在收益共享和安全合作方面表现突出，还在机场资源分配方面优先考虑航空公司，实现双方的共赢。具体而言，中国国际航空公司与北京首都国际机场采取了收益共享模式。两者的合作模式基于双赢原则，即在航线共享、物流和机务等方面展开合作，并分享相应的收益。这种模式可以有效提高双方的收益水平，增强在市场中的竞争力。在安全合作方面，中国国际航空公司与北京首都国际机场的合作非常紧密。航空公司在机场设立专门的运行控制中心，与机场管理部门合作，监管飞机的起降和停靠，确保飞行安全。在机场资源分配方面，北京首都国际机场优先为中国国际航空公司提供服务。机场为该航空公司留出优先停机位和航班时刻，并提供行李和货运等服务。这有助于提高航空公司的服务质量，提升旅客的满意度。

在美国纽约肯尼迪国际机场，大部分航站楼是由航空公司而非机场管理部门建设的。航空公司建设航站楼是为了更好地满足航空公司和乘客的运营需求。此外，航空公司通过利用自身资源和资金建设航站楼，提高了在机场市场上的竞争力。这些由航空公司建设的航站楼大多兴建于20世纪60年代至70年代，并经历了多次扩建和改造，成为机场的重要组成部分。尽管航空公司建设航站楼带来了一些优势，但也面临一些挑战。例如，由航空公司建设的航站楼可能导致整体机场规划的不协调，造成资源浪费和混乱。

总的来说，关于航空公司和机场合作的研究还不够充分。巴尔波特（Barbot，2009）运用三阶段博弈理论研究了航空公司和机场之间的合作关系以及相关的竞争和激励机制。研究者认为，在某些情况下，航空公司和机场可能形成配对关系，这会影响市场竞争和价格水平。他分析了机场和航空公司之间的策略互动，并发现航空公司和机场的合作可能导致票价上升，因为它们可以通过共同行动限制市场竞争。然而，这种合作关系也可能带来一些好处，比如更高的投资和更优质的服务。在这种情况下，机场和航空公司可能形成合作关系，以共同获得更高的利润和更好的市场地位。此外，研究者还分析了政府干预对机场和航空公司竞争和合作的影响。政府可以通过监管来限制合作及其带来的市场垄断，尽管这可能会导致投资和服务水平下降。

3.4　货运市场主体间的合作

　　本书以货运活动中的发货方与收货方之间的合作关系作为另一个重要案例，因为合作是货运运输活动中的典型行为。货运系统承担着运输人们日常生活所需物资的重任，带来巨大的社会经济价值，但同时也对环境造成负面影响。具体而言，发货方和收货方需要及时、准确地共享货物的状态和信息，以便双方做好运输方案的准备。例如，发货方需提供货物的规格、数量、质量、包装和交货时间等信息，收货方则需提供收货地址、运输路线和递送要求等信息。发货方和收货方需要协商确定货物的交货时间和地点，确保货物能按时送达，同时降低运输成本和时间成本。若需更改交货时间和地点，双方需及时沟通协商，以免影响后续工作。发货方和收货方之间需要相互尊重、理解和支持，方可实现互惠互利的合作关系。例如，发货方可提供优惠的价格和及时的服务，而收货方则可提供更大的订单和长期的合作机会，促进双方共同发展。在物流运输过程中，还可能面临各种风险和问题，如货物损坏、丢失、延迟等。发货方和收货方需密切合作，共同应对这些风险和问题，并采取有效的措施和应对策略，确保货物安全、及时送达。

　　在发货方和收货方的合作中，可能会出现一些潜在问题。信息不对称可能导致货物无法按时送达或产生误解，从而对双方的合作关系产生负面影响。发货方未能及时告知收货方货物的状态和信息，这会影响收货方提前做好接收和存储的准备。

另外，运输成本的分摊也是常见的争议点，双方需要根据货物的体积、重量、运输距离等因素来进行公平合理的分配，以确保双方的利益得到保障。货物运输可能会面临各种因素导致的延误，如恶劣天气和交通拥堵等，这可能会影响货物的准时送达，从而对合作关系造成不良影响。此外，货物质量问题可能会对收货方的生产或销售造成损害。因此，发货方有责任确保货物质量符合收货方的要求，而收货方则需要及时进行质检和验收。在合作关系中，双方需要签订合同，明确权利和义务。然而，有时发货方或收货方可能会违反合同约定，如未按时发货或未及时支付货款，这会影响合作关系的稳定性。因此，双方需要及时沟通、协商解决问题，以建立良好的合作关系。同时，在合同签订和履行过程中需要强化约束和监督，以避免不必要的风险和损失。

兰伯特和库珀（Lambert & Cooper，2000）介绍了货物供应链管理中的一些重要问题，其中包括发货方和收货方之间的合作。论文指出，合作可以提高供应链的响应能力和灵活性，同时也能够降低成本和提高效率。货运交货时间研究（Holguín – Veras et al.，2008）引起了货运代理人相互作用的关注。货运承运人更喜欢夜间运输，因为交通流畅，成本较低，但产品接收者更喜欢在白天接收货物，因为在营业时间内无须额外的劳动力。货运交货时间的确定可以合理地视为承运人和客户之间的共同决策。此外，关于交货时间的深入研究（Holguín – Veras et al.，2015）认为，许多货运活动也是货运代理人相互作用的结果，这些相互作用决定了供应链对货运政策的反应。例如，供应商、承运人和接收者共同影响交货率、尺寸和频率。忽略代理人之间的相互作用可能会阻止研究界充分理解决策机制，导致对每个单独决策者的政策影响进行误导性评估，从而导致预测能力差。考虑到观察到的合作活动和现有分析框架之间的差距，拟议的模型将通过行为一致地构建货运代理人之间的合作行为来填补这一空白。

第 4 章　配对过程计量经济模型的设定

本书的主要目标之一是提出一个可以用来把握配对关系及配对主体之间联合响应的计量经济模型，以分析双边市场中由配对的决策者主体参与的经济活动。这个模型由两个等式组成：第一个等式用来把握双边市场中决策者相互选择的过程；第二个等式用来解释成功配对的决策者进行共同决策的过程。该模型扩展了计量经济学前沿方法中的有限因变量模型、离散因变量模型和样本选择模型的研究。通过把握配对过程中的配对经济效用，旨在厘清双边市场中决策者之间的错综复杂的配对关系网络以及共同决策过程中的因果关系。

4.1　相互选择过程的回归等式设定

第一个等式是配对过程方程，用来把握双边市场（如货运市场中的发货方和收货方）中决策者之间的伙伴选择过程。该方程式基于以下假设：（1）每个决策者都假定已经全面了解了另一方所有决策者的信息，并希望从市场的另一边寻找最佳的伙伴；
（2）每个决策者可以与另一边的一个或多个伙伴进行合作；（3）每
个潜在的合作伙伴都对应着一个配对经济效用；（4）所观测到的
配对关系是稳定的，即没有决策者想要破坏当前的配对关系并与
另一名决策者形成新的配对。

令 $i(i = 1, \cdots, I)$ 表示发货方，$j(j = 1, \cdots, J)$ 表示收货
方，那么这个双边市场中可能的配对组合总共有 $I \times J$ 对。令 N_0 和
N_1 分别表示未成功配对的组合数和成功配对的组合数，那么与发
货方 i 的成功配对的收货方集合为 $N_1(i)$，与收货方 j 的成功配对
的发货方集合为 $N_1(j)$，也就是说，一个发货方和收货方成功配对
的组合可以表示为 $j \in N_1(i)$ 或 $i \in N_1(j)$。

令 u_{ij} 表示任意配对 ij 的经济效用，同时假定不同配对的经
济效用不同。如果假定观察到的配对关系是稳定的，我们可以
写出一系列关于配对效用的不等式，以刻画配对效用的相对大
小。对于一个未成功的配对 ij 而言，其配对经济效用 u_{ij} 可以被
写为

$$u_{ij} < \overline{u_{ij}} = \max \left[\min_{i' \in N_1(j)} u_{i'j}, \ \min_{j' \in N_1(i)} u_{ij'} \right]$$

其中，$\overline{u_{ij}}$ 表示发货方 i 或者收货方 j 想要背离他们现有的配对关系
而形成新的配对关系的机会成本。这个机会成本可以被表示为
各方已成功配对的最小经济效用的较大值。具体来讲，发货方
成功配对的最小经济效用为 $\min_{i' \in N_1(j)} u_{i'j}$，收货方成功配对的最小经济
效用为 $\min_{j' \in N_1(i)} u_{ij'}$。当 u_{ij} 的值超过了 $\overline{u_{ij}}$ 时，发货方 i 和收货方 j 会成为
新的合作关系，即当前观测到的配对关系就变得不稳定，即违背
了模型的假定。当 u_{ij} 的值小于 $\overline{u_{ij}}$ 时，双方会维持观测到的配对
关系。

以上关于未成功配对的配对经济效用的不等式条件可通过图 4-1 表示，图中关注的未成功配对为第 2 发货方和第 3 收货方，通过不等式条件方程，得到的不等式条件为 $u_{23} < u_{22}$。

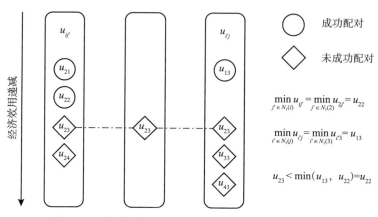

min $u_{ij'}$ = min $u_{2j'}$ = u_{22}
$j' \in N_1(i)$ $j' \in N_1(2)$

min $u_{i'j}$ = min $u_{i'3}$ = u_{13}
$i' \in N_1(j)$ $i' \in N_1(3)$

$u_{23} < \min(u_{13}, u_{22}) = u_{22}$

⚪ 成功配对

◇ 未成功配对

图 4-1　未成功配对的配对经济效用的不等式条件

成功配对的配对经济效用 u_{ij} 的限定条件为

$$u_{ij} > \underline{u}_{ij} = \max \left[\max_{i' \in S(j)} u_{i'j}, \max_{j' \in S(i)} u_{ij'} \right]$$

其中，$\underline{u}_{ij}$ 表示发货方 i 与收货方 j 愿意维持配对关系的机会成本。集合 $S(i)$ 和集合 $S(j)$ 表示发货方 i 和收货方 j 所有可能背离现有的配对关系。例如，发货方 i 的集合是所有愿意与 i 配对形成新的合作关系的收货方。当成功配对的配对经济效用 u_{ij} 大于 $\underline{u}_{ij}$ 这个临界值时，观测到的配对关系得以维系。

这个关系可以用图 4-2 来表示。在这个例子中，配对关系 2-3 是观测到的一组成功配对，其不等式条件为 $u_{23} > u_{24}$ 或者 $u_{23} > u_{43}$ 之一，具体采用哪个不等式需要基于实证数据进行判定。

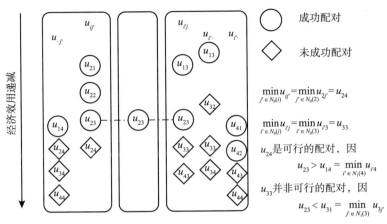

因 u_{33} 并非可行的配对，故找到下一个最大的配对经济效用，本例中为 u_{43}，因此，成功配对的经济效用的不等式条件为 $u_{23}>\max(u_{24}, u_{43})$。

图 4 – 2　成功配对的配对经济效用的不等式条件

　　配对经济效用可以用一组自变量进行解释，因此以配对经济效用作为因变量的回归方程，即本书主要介绍的方程组中的第一个方程可写为

$$u_{ij} = \alpha w + \eta_{ij}$$

其中

$$\alpha = \left[\, \alpha_i a_j a_{ij} \,\right]$$

$$w = \begin{bmatrix} w_i \\ w_j \\ w_{ij} \end{bmatrix}$$

　　自变量 w 包含了发货方的解释因素 w_i、收货方的解释因素 w_j 以及双方共同的解释因素 w_{ij}。字母 α 表示待估计的回归参数。误差项 η_{ij} 表示未被观测到的解释因素，并假定其服从正态分布。诚然，这个误差项可被进一步分解，令其囊括发货方、收货方和它

们共同的误差项。由于配对经济效用受到不等式条件的限制，回归等式中的参数可被估计得到，这种方程类似于限制因变量模型的估计逻辑。

4.2 共同决策过程的回归等式设定

配对成功的发货方和收货方继而可以对交易进行共同的决策，共同决策的结果可以是以连续变量和离散变量的形式被研究人员观测到，例如，当被观测到的结果是运输距离时，变量为连续变量，当被观测到的结果是运输模式或运输路线时，变量为离散变量。

4.2.1 连续变量

当被观测到的因变量是连续变量时，共同决策模型可由一个线性回归方程来表示，即

$$y_{ij} = \beta x + \varepsilon_{ij}$$

其中

$$\beta = \begin{bmatrix} \beta_i & \beta_j & \beta_{ij} \end{bmatrix}$$

$$x = \begin{bmatrix} x_i \\ x_j \\ x_{ij} \end{bmatrix}$$

与配对方程类似，自变量 x 包含了发货方的影响因素 x_i、收货

方的影响因素 x_j 以及它们共同的影响因素 x_{ij}。参数 β 为待估参数，而误差项 ε_{ij} 服从正态分布。

4.2.2　顺序变量

当被观测到的因变量为类似于发货频率的顺序变量时，可通过顺序 Probit 模型对观测到的联合决策进行建模。被观测到的联合决策作为因变量时，模型可以被表达为

$$y_{ij}^{*} = \beta x + \varepsilon_{ij}$$

其中，

$$y_{ij} = C \text{ if } \mu_{C-1} \leqslant y_{ij}^{*} \leqslant \mu_C$$

与连续变量作为因变量不同，顺序 Probit 模型利用常数 C 表示被观测到的顺序，μ_C 作为分割线将连续的潜变量 y_{ij}^{*} 离散化，使之对应被观测到的顺序。

4.2.3　多项变量

当观测到的共同决策是多项变量的形式时，可采用多项 Probit 模型对其进行建模，这种建模对运输模式或运输路线特别有效。

$$y_{ij,p}^{*} = \beta x_p + \varepsilon_{ij,p}$$

其中

$$y_{ij,p} = p \text{ 当 } y_{ij,p}^{*} = \begin{cases} p, & y_{ij,p}^{*} = \max\left(y_{ij,1}^{*},\ y_{ij,2}^{*},\ \cdots,\ y_{ij,p}^{*}\right) \\ 0, & \text{其他情况} \end{cases}$$

值得关注的是，在多项变量模型中，方程组的数量增加了。在连续变量和顺序变量的情况下，共同决策的计量经济模型中仅

有一个回归等式，而在多项变量建模中，回归等式的数量为 $P-1$，其中 P 为可行的总项数。这也是为什么在多项变量的回归表达式中加入了脚标 p。标准的多项 Probit 模型常首先定义基组，之后比较其他选项与基组的相对经济效用。这里的建模思路是完全一致的。

多项 Probit 模型假定误差项服从多元正态分布。

$$\begin{bmatrix} \varepsilon_1 \\ \vdots \\ \varepsilon_{P-1} \end{bmatrix} \sim N\left(\begin{bmatrix} 0 \\ \vdots \\ 0 \end{bmatrix}, \begin{bmatrix} w_{11} & \cdots & w_{1,P-1} \\ \vdots & \ddots & \vdots \\ w_{P-1,1} & \cdots & w_{P-1,P-1} \end{bmatrix} \right)$$

在估计时，常将对角线元素之一设定为常数 1，以确保其他参数的值可以被识别。

4.3 相互选择过程与共同决策过程联合模型的设定

由于只有配对成功的决策者才能做出联合决策，因此配对方程中的样本与联合决策方程中的样本不同。配对方程中的样本是发货方 i 和收货方 j 所有可能的配对，因此样本的总数为 $I \times J$。但是，联合决策方程中的样本只是 $I \times J$ 的一部分，其中 $ij \in N_1$。如果不考虑配对过程对联合决策过程的影响，联合决策方程中的参数 θ 和 β 的估计将会存在偏差。这种偏差可以通过 y_{ij} 的条件期望来说明。

$$E(y_{ij} \mid i, j \text{ 配对成功}) = \beta x + E(\varepsilon_{ij} \mid \eta_{ij,c} < \overline{u_{ij}} - \alpha w, \ \eta_{ij,m} < \underline{u_{ij}} - \alpha w)$$

其中，$\eta_{ij,c}$ 和 $\eta_{ij,m}$ 分别表示未配对成功和配对成功的决策者在配对方程中的误差项。如果 ε_{ij} 与 $\eta_{ij,c}$ 和 $\eta_{ij,m}$ 都是独立的，那么对 θ 和 β 是无偏的，因为等式右边的期望值为零。然而，如果 ε_{ij} 与 $\eta_{ij,c}$ 或者 $\eta_{ij,m}$ 中的任何一个有相关关系，那么期望值就不为零，估计结果将会有偏差，这种估计偏差通常被称为样本选择偏差。处理样本选择偏差可以借鉴指定样本选择模型的思想。基本上，样本选择模型假设两个方程的误差项遵循联合分布。对于连续和有序结果的情况，联合分布是一个双变量正态分布。

$$\begin{pmatrix} \varepsilon_{ij} \\ \eta_{ij} \end{pmatrix} \sim \Phi\ (0,\ \Sigma)\ = \Phi\left(\begin{bmatrix} 0 \\ 0 \end{bmatrix},\ \begin{bmatrix} \sigma_{11} & \sigma_{12} \\ \sigma_{21} & \sigma_{22} \end{bmatrix} \right) = \Phi\left(\begin{bmatrix} 0 \\ 0 \end{bmatrix},\ \begin{bmatrix} \sigma_{11} & \sigma_{12} \\ \sigma_{21} & 1 \end{bmatrix} \right)$$

这样的模型设定允许两个方程之间存在相关性。通过实证数据，可以估计它们的联合分布。如果 σ_{12} 估计为零，样本选择模型将简化为两个独立的回归模型，并且估计量将不再有偏。如果 σ_{12} 显著的不为零，就必须考虑两个式子之间相关性，也就是样本选择偏差，这种情况下就必须考虑两式之间的相关性后再进行估计。正态分布中的方差 – 协方差矩阵是对称的（例如，$\sigma_{12} = \sigma_{21}$），同时假设 η 的方差为 1，这是基于防止方差 – 协方差矩阵中的元素等比例变化的考量。综合上述假定，在方差 – 协方差项中要估计的参数数量为 2。

配对方程与多项变量的共同决策方程使得方程组的误差项的联合分布变得复杂，其可被表示为一个 P 维多元正态分布。

$$\begin{pmatrix} \varepsilon_1 \\ \vdots \\ \varepsilon_{P-1} \\ \eta \end{pmatrix} \sim \Phi(0,\ \Sigma) = \Phi\left(\begin{bmatrix} 0 \\ \vdots \\ 0 \\ 0 \end{bmatrix}, \begin{bmatrix} \sigma_{11} & \cdots & \sigma_{1,P-1} & \sigma_{1,P} \\ \vdots & \ddots & \vdots & \vdots \\ \sigma_{P-1,1} & \cdots & \sigma_{P-1,P-1} & \sigma_{P-1,P} \\ \sigma_{P,1} & \cdots & \sigma_{P,P-1} & 1 \end{bmatrix} \right)$$

　　左上角子矩阵中的元素把握了多项选择之间选项的相关性。最后一行和最后一列中的元素把握了选项与配对关系方程之间的相关性。这种相关性随选择的变化而变化，因此这种模型设定具有很高的灵活性。

第5章 配对过程计量经济建模的估计

基于数据扩充的贝叶斯马尔科夫链蒙特卡罗方法可以被用来估计所建立的模型中的参数，采取这种较为复杂的方法是基于传统最小二乘法和极大似然估计法无法将配对关系中的复杂性进行有效化解，例如，一个配对关系的似然函数取决于所有其他可能的配对关系的似然函数。此外，配对方程与联合决策方程之间存在相互的依赖关系，也增加了模型的复杂程度，扩充数据可以通过将潜在变量视为参数来有效地处理它们。由于离散因变量可被认为是连续变量的特殊情况，因此本章中的估计过程主要对序数和多项因变量的情况进行讨论。

5.1 贝叶斯马尔科夫蒙特卡洛模拟方法

基于条件概率理论，贝叶斯马尔科夫链蒙特卡罗方法使用参数的先验分布和事件的似然函数来生成随机数，以模拟参数的后验分布。通过足够多的迭代次数，可以逼近参数的真实分布。贝

叶斯规则的一般数学表达式为

$$f(\vartheta \mid y, u) \propto f(y, u \mid \vartheta) f(\vartheta)$$

其中 ϑ 是参数的集合,通常包含 $\vartheta = \{\alpha, \beta, \sigma_{11}, \sigma_{12}\}$。先验分布 $f(\vartheta)$ 通常由研究人员定义。其与似然函数 $f(y, u \mid \vartheta)$ 结合,可以从理论上得到后验分布。在实践中,后验分布通常不属于任何已知的参数分布。因此,通常通过选择共轭先验,并利用近似方法来模拟后验分布。其中最常用的方法之一是使用数据扩充的吉布斯采样。其思想是通过迭代抽取参数和潜在变量的值,直到这些值呈现收敛的趋势。

图 5-1 展示了贝叶斯马尔科夫链蒙特卡罗方法的流程,以说明参数估计的过程。该过程始于由研究者定义的初始参数值和

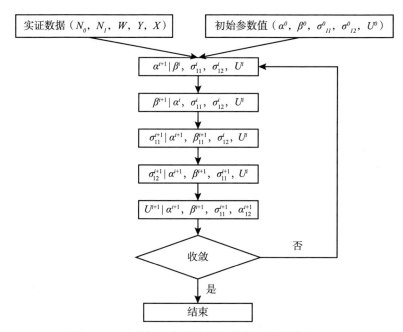

图 5-1　贝叶斯马尔科夫链蒙特卡罗方法的流程图

经验数据，其中上标表示迭代次数。模拟开始后，在每一次迭代时，参数和潜在变量会根据其在所有其他参数值条件下的概率分布进行随机采样，即进行一次更新。这种生成参数随机值的过程不断重复，并在收敛之前不会停止。在实践中，研究者通常会预先定义一个最大迭代次数。如果达到了这个数字，迭代就会终止。

5.2　似然函数与先验分布

当共同决策为连续变量时，似然函数的形式相对简单，可以被写为

$$
\begin{aligned}
f(y, u \mid \vartheta) = \prod_{ij \in N_0} I(u_{ij} < \overline{u_{ij}}) \phi(\alpha'w, 1) \\
\times \sum_{ij \in N_1} I(u_{ij} > \underline{u_{ij}}) \phi\left(\alpha'w + \frac{\sigma_{12}}{\sigma_{11}}(y_{ij} - \beta'x), 1 - \frac{\sigma_{12}^2}{\sigma_{11}}\right) \\
\times \phi(\beta'x + \sigma_{12}(u_{ij} - \alpha'w), \sigma_{11} - \sigma_{12}^2)
\end{aligned}
$$

可定义参数的共轭分布为

$$\alpha \sim N(\alpha_0, A_0)$$
$$\beta \sim N(\beta_0, B_0)$$
$$\Sigma \sim InverseWishart(\rho R, \rho) \mid (\sigma_{pp} = 1)$$

即 Σ 的先验分布为最后一个对角线元素为 1 的逆 – Wishart 分布。

在序数情况下，存在一个额外的参数集，即阈值 μ。由于考虑到参数同比例变化的问题，实际操作时，其中一个阈值被设置为常数，不随估计过程的推进而变化。其他所有阈值参数的先验分布被假定为常数，这时模型似然函数为

$$f(y = C, u \mid \vartheta) = \prod_{ij \in N_0} I(u_{ij} < \overline{u_{ij}}) \phi(\alpha'w, 1) \times \prod_{ij \in N_1} I(u_{ij} > \underline{u_{ij}})$$

$$\phi\left(\alpha'w + \frac{\sigma_{12}}{\sigma_{11}}(y_{ij}^* - \beta'x), 1 - \frac{\sigma_{12}^2}{\sigma_{11}}\right)$$

$$\times (\Phi(\mu_C - \beta'x + \sigma_{12}(u_{ij} - \alpha'w), \sigma_{11} - \sigma_{12}^2)$$

$$- \Phi(\mu_{C-1} - \beta'x + \sigma_{12}(u_{ij} - \alpha'w), \sigma_{11} - \sigma_{12}^2))$$

在共同决策是多项变量时，估计过程不会增加额外的参数。先前的分布也与连续和序数情况下的相同。似然函数是

$$f(y = p, u \mid \vartheta) = \prod_{ij \in N_0} I(u_{ij} < \overline{u_{ij}}) \phi(\alpha'w, 1) \times \prod_{ij \subset N_1} I(u_{ij} > \underline{u_{ij}})$$

$$\phi\left(\alpha'w + \frac{\sigma_{12}}{\sigma_{11}}(y_{ij}^* - \beta'x), 1 - \frac{\sigma_{12}^2}{\sigma_{11}}\right)$$

$$\times (\phi(\beta'x + \sigma_{12}(u_{ij} - \alpha'w), \sigma_{11} - \sigma_{12}^2)$$

$$\times (I(y_{ij} = 0)I(\max(y_{ij,p}^* \leqslant 0))$$

$$+ \sum_{q=1}^{P} I(y_{ij} = p)I(y_{ij}^* > \max(0, y_{ij,-q})))$$

5.3 后验分布

根据先验分布和似然函数，可以推导出参数和潜变量的后验分布。由于离散情况是连续情况的扩展，因此这里只讨论有序和多项式情况的后验分布。吉布斯抽样过程如下所示，可在计算机程序中执行。

5.3.1 顺序变量

为了模拟有序情况下的后验分布，需要进行六个步骤，这六

个步骤需要迭代进行，直到参数的值达到收敛状态。

第一步：对 y_{ij}^* 进行抽样。这个潜变量遵循与 ε_{ij} 相同的分布。根据多元统计理论，可以推导出其均值和方差。其分布可写为在 $(\mu_{y_{ij}-1}, \mu_{y_{ij}})$ 之间的正态分布：

$$y_{ij}^* \sim N(\beta'x + \sigma_{12}(u_{ij} - \alpha'w),\ \sigma_{11} - \sigma_{12}^2)$$

第二步：对 u_{ij} 进行抽样。配对方程中的潜变量也遵循正态分布。对于未成功的配对，由于决策者无法做出共同决策，因此决策方程不会影响配对方程中的这个潜变量。因此，对于未成功的配对，其配对经济效用后验分布就可以写为上界为 $\overline{u_{ij}}$ 的正态分布：

$$u_{ij} \sim N(\alpha'w,\ 1)$$

对于配对成功的配对关系，配对方程受到联合决策方程的影响。因此，得到的后验分布是下界为 $\underline{u_{ij}}$ 的

$$u_{ij} \sim N\left(\alpha'w + \frac{\sigma_{12}}{\sigma_{11}}(y_{ij}^* - \beta'x),\ 1 - \frac{\sigma_{12}^2}{\sigma_{11}}\right)$$

第三步：对参数 β 进行抽样。联合决策中参数的后验分布是一个正态分布，形式为

$$\beta \sim N(D_\beta d_\beta,\ D_\beta)$$

其中

$$D_\beta = \left(B_0^{-1} + \frac{1}{\sigma_{11} - \sigma_{12}^2}\sum_{ij \in N_1} x'x\right)^{-1}$$

$$d_\beta = B_0^{-1}\beta_0 + \frac{1}{\sigma_{11} - \sigma_{12}^2}\sum_{ij \in N_1} x(y_{ij}^* - \sigma_{12}(u_{ij} - \alpha'w))$$

第四步：对参数 α 进行抽样。配对方程中参数的后验分布也是一个正态分布，形式为

$$\alpha \sim N(D_\alpha d_\alpha,\ D_\alpha)$$

其中，

$$D_\alpha = \left(A_0^{-1} + \sum_{ij \in N_0} w'w + \left(1 - \frac{\sigma_{12}^2}{\sigma_{11}} \right)^{-1} \sum_{ij \in N_1} w'w \right)^{-1}$$

$$d_\alpha = A_0^{-1}\alpha_0 + \sum_{ij \in N_0} x u_{ij} + \left(1 - \frac{\sigma_{12}^2}{\sigma_{11}} \right)^{-1} \sum_{ij \in N_1} w \left(u_{ij} - \frac{\sigma_{12}}{\sigma_{11}}(y_{ij}^* - \beta'x) \right)$$

第五步：对方差－协方差矩阵 Σ 进行抽样。方差－协方差矩阵的后验分布是条件逆－Wishart 分布。

$$\Sigma \sim IW\left(\rho R + \sum_{ij \in N_1} e_{ij} e_{ij}',\ N + \rho \right) I(\sigma_{22}^2 = 1)$$

其中，$e_{ij} = \begin{bmatrix} \varepsilon_{ij} \\ \eta_{ij} \end{bmatrix}$，$N$ 是成功配对的决策者的对数。需要注意的是，这样的随机矩阵是有条件的，取决于最后一个对角线元素的值。此外，矩阵必须是正定的。

第六步：对参数 μ_C 进行抽样。联合决策方程中顺序 Probit 的阈值服从均匀分布

$$\mu_C \sim U\left(\max_{y_{ij} = C-1} y_{ij}^*,\ \max_{y_{ij} = C} y_{ij}^* \right)$$

为了避免阈值等比例扩大的问题，其中一个阈值被设为常数值，例如 $\mu_1 = c$。

5.3.2 多项变量

多项变量的估计过程类似于序数变量的估计过程，主要的区别是方程的数量（分别为两个和 P 个）。对多项变量的后验分布进行抽要主要分为五个步骤。

第一步：对 y_{ij}^* 进行抽样。在联合决策模型中，潜变量遵循一

个 $P-1$ 维的多元正态分布，可用一个截尾的多元正态分布表示

$$y_{ij}^* \sim MTN_{R_{ij}(y_{ij})}(\delta_{y_{ij}^*}, \ \Omega_{y_{ij}^*})$$

其中，

$$\delta_{y_{ij}^*} = \begin{bmatrix} \beta_1 x_1 \\ \vdots \\ \beta_{P-1} x_{P-1} \end{bmatrix} + \begin{bmatrix} \sigma_{1P} \\ \vdots \\ \sigma_{P-1,P} \end{bmatrix} \times (u_{ij} - \alpha' w)$$

$$\Omega_{y_{ij}^*} = \begin{bmatrix} \sigma_{11} & \cdots & \sigma_{1,P-1} \\ \vdots & \ddots & \vdots \\ \sigma_{P-1,1} & \cdots & \sigma_{P-1,P-1} \end{bmatrix} - \begin{bmatrix} \sigma_{1P} \\ \vdots \\ \sigma_{P-1,P} \end{bmatrix} \times \begin{bmatrix} \sigma_{P,1} & \cdots & \sigma_{P,P-1} \end{bmatrix}$$

$R_{ij}(y_{ij})$ 表示截尾的范围。当 $y_{ij}=0$ 时，R_{ij} 包含当所有 y_{ij}^* 都为负数的区域。当 $y_{ij}=p$ 时，R_{ij} 包含当 $y_{ij,p}^*$ 大于其他 $y_{ij,-p}^*$ 的区域。

第二步：对 u_{ij} 进行抽样。这个潜变量遵循正态分布，对于未成功配对的决策者，其后验分布与序数变量情况完全相同。对于配对成功的配对关系，其经济效用后验分布是以下界为 $\underline{u_{ij}}$ 的正态分布

$$u_{ij} \sim N(\delta_{u_{ij}}, \ \Omega_{u_{ij}})$$

其中，

$$\delta_{u_{ij}} = \alpha' w + \begin{bmatrix} \sigma_{P,1}, & \cdots, & \sigma_{P,P-1} \end{bmatrix}$$

$$\times \begin{bmatrix} \sigma_{11} & \cdots & \sigma_{1,P-1} \\ \vdots & \ddots & \vdots \\ \sigma_{P-1,1} & \cdots & \sigma_{P-1,P-1} \end{bmatrix}^{-1} \times \begin{bmatrix} y_{ij,1}^* - \beta_1' x_1 \\ \vdots \\ y_{ij,P-1}^* - \beta_{P-1}' x_{P-1} \end{bmatrix}$$

$$\Omega_{u_{ij}} = 1 - \begin{bmatrix} \sigma_{P,1}, & \cdots, & \sigma_{P,P-1} \end{bmatrix} \times \begin{bmatrix} \sigma_{11} & \cdots & \sigma_{1,P-1} \\ \vdots & \ddots & \vdots \\ \sigma_{P-1,1} & \cdots & \sigma_{P-1,P-1} \end{bmatrix}^{-1} \times \begin{bmatrix} \sigma_{1P} \\ \vdots \\ \sigma_{P-1,P} \end{bmatrix}$$

第三步：对参数 β 进行抽样。联合决策中参数的后验分布是一个正态分布，形式为

$$\beta_p \sim N(D_{\beta_p} d_{\beta_p}, \ D_{\beta_p})$$

其中，

$$D_\beta = \left(B_0^{-1} + \sum_{ij \in N_1} x_p' \Sigma_p^{-1} x_p \right)^{-1}$$

$$d_{\beta_p} = B_0^{-1} \beta_{p,0}$$

$$+ \sum_{ij \in N_1} x_p \Sigma_p^{-1} \left(y_{ij,p}^* - \sigma_{1,(-p)} \times \sigma_{(-p),(-p)} \times \begin{bmatrix} y_{ij,1}^* - \beta_1' x_1 \\ \vdots \\ y_{ij,P-1}^* - \beta_{P-1}' x_{P-1} \\ u_{ij} - \alpha' w \end{bmatrix} \right)_{(-p)}$$

其中，$\Sigma_p = \sigma_{pp} - \sigma_{1,(-p)} \times \sigma_{(-p),(-p)}^{-1} \times \sigma_{(-p),1}$。

第四步：对参数 α 进行抽样。配对方程中参数的后验分布也是一个正态分布，形式为

$$\alpha \sim N(D_\alpha d_\alpha, \ D_\alpha)$$

其中

$$D_\alpha = \left(A_0^{-1} + \sum_{ij \in N_0} w w' + \sum_{ij \in N_1} w \Sigma_u^{-1} w' \right)^{-1}$$

$$d_\alpha = A_0^{-1} \alpha_0 + \sum_{ij \in N_0} w u_{ij}$$

$$+ \sum_{ij \in N_1} w \Sigma_u^{-1} \left(u_{ij} - \sigma_{1,(-P)} \times \sigma_{(-P),(-P)}^{-1} \times \begin{bmatrix} y_{ij,1}^* - \beta_1' x_1 \\ \vdots \\ y_{ij,P-1}^* - \beta_{P-1}' x_{P-1} \end{bmatrix} \right)$$

第五步：对方差－协方差矩阵 Σ 进行抽样。方差－协方差矩阵的后验分布是条件逆－Wishart 分布。

$$\Sigma \sim IW \left(\rho R + \sum_{ij \in N_1} e_{ij} e_{ij}', N + \rho \right) I(\sigma_{PP}^2 = 1)$$

其中，$e_{ij} = \begin{bmatrix} \varepsilon_{ij,1} \\ \vdots \\ \varepsilon_{ij,P-1} \\ \eta_{ij} \end{bmatrix}$，$N$ 是成功配对的决策者的对数。

第6章 配对过程计量经济建模的算例

本章首先给出了模型的准确度验证分析，以展示估计方法的效果。这一过程是基于随机生成的数据进行的。具体来讲，我们首先定义参数的值并基于这些值生成模拟数据，其次执行马尔科夫链蒙特卡洛模拟估计方法得到参数的估计值，最后将估计得到的参数与预先定义的参数进行比对，如果它们的值接近就说明估计效果好。在进行了准确度验证分析后，本章将开展一系列的灵敏度分析，以展示不同参数值下的估计能力。对于每一组预先设定的参数值，随机生成 30 套模拟数据，并逐一进行准确度验证分析。

6.1 估计结果的准确度验证

准确度验证分析的步骤如下：（1）定义参数的值；（2）使用定义的参数值生成模拟数据；（3）将定义的参数视为未知参数，使用模拟数据估计这些参数；（4）比较估计的参数和预定义的参数。如果发现良好的参数值复原能力，则说明该估计方法的效果较好。

首先，假设市场是双边的，每一边有 50 个决策者（即 $I = 50$ 和 $J = 50$）。因此，有 2500（即 $I \times J = 2500$）对可能的配对，即 2500 个配对经济效用。每个决策者在市场的另一侧最多可以有 25 个合作伙伴（合作伙伴的数量由随机生成的数据决定，有些决策者可能少于 25 个合作伙伴）。至于哪两个决策者可以成功地配对取决于配对经济效用的相对大小，该配对经济效用由三个解释变量和误差项决定。解释变量分别是每一侧的属性（例如，w_i 和 w_j），其对于特定的决策者保持不变。解释变量还包括一个联合因素（例如 w_{ij}，其在不同的配对关系中都不同）。以上这些解释变量由标准正态分布生成。表 6 - 1 总结了配对方程中定义的参数值。

表 6 - 1　　　　　　　　配对方程中的参数真实值

参数	真实值	初始值
I	50 个决策者，每个决策者至多组 25 对	
J	50 个决策者，每个决策者至多组 25 对	
α	（- 0.6, 0.9, - 0.3）	(0, 0, 0)

6.1.1　顺序变量

假定共同决策方程的模拟数据中包含三个序数类别，因此存在两个阈值变量。对于解释变量，假设共有三个解释变量决定共同决策结果，其中的两个是各自一方的属性（例如，x_i 和 x_j 对于同一个决策者而言是常数）。另一个解释变量（即 x_{ij}）表示两方的共同因素，随不同的配对关系而变化。这些解释变量也由标准正态分布生成。配对方程和共同决策方程中的误差项被假设为双变量正态分布，其协方差矩阵为

$$\begin{pmatrix} \varepsilon_{ij} \\ \eta_{ij} \end{pmatrix} \sim N\left(\begin{bmatrix} 0 \\ 0 \end{bmatrix}, \begin{bmatrix} 1.5 & -0.3 \\ -0.3 & 1 \end{bmatrix} \right)$$

表 6 - 2 列出了共同决策方程中的参数值和方差 - 协方差矩阵中参数的值。

表 6 - 2　　共同决策方程中的参数和方差 - 协方差矩阵中参数的真实值

参数	真实值	初始值
β	(0.3, 0.6, -0.9)	(0, 0, 0)
μ	(-0.5, 0.5)	(-0.5, 0)
σ_{11}	1.5	1
σ_{12}	-0.3	0

基于这些预定义的参数值，可以随机生成模拟数据。模拟数据的生成结果显示共有 1220 个成功配对的决策者。表 6 - 3 总结了生成数据的大小、平均值、标准差、最小值和最大值。

表 6 - 3　　顺序变量的情况下自变量和因变量的值

变量	规模	均值	标准差	最小值	最大值
w_i	$I \times J = 2500$	-0.05	1.00	-2.31	1.83
w_j	$I \times J = 2500$	-0.01	0.89	-1.85	1.96

续表

变量	规模	均值	标准差	最小值	最大值
w_{ij}	$I \times J = 2500$	-0.03	1.00	-3.75	3.09
x_i	1220	-0.08	0.99	-2.31	1.83
x_j	1220	0.03	0.87	-1.85	1.96
x_{ij}	1220	-0.23	0.99	-3.75	2.74
y_{ij}	1220	$y_{ij} = 1464$ $y_{ij} = 2293$ $y_{ij} = 3463$			

其次，采用贝叶斯马尔科夫链蒙特卡罗方法来估计生成数据的参数。估计过程从表 6-1 和表 6-2 设定的初始值开始。如果估计结果接近预定义值，则验证估计方法的效果较好。估计的最终结果是基于 6000 次的迭代来展现的，其中前 4000 次不计入最终的参数估计，因估计值的波动幅度较大，可被认为是允许参数逐渐从初始值移动到真实值的中间过程。估计参数的轨迹显示在图 6-1 中，其中 x 轴表示迭代次数，y 轴表示参数的值。此外，黑色直线表示相应参数的真实值。

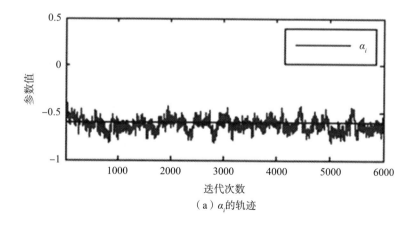

（a）α_i 的轨迹

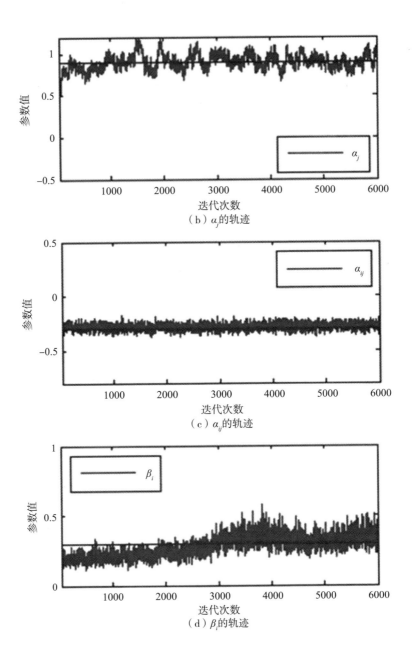

（b）α_j的轨迹

（c）α_{ij}的轨迹

（d）β_i的轨迹

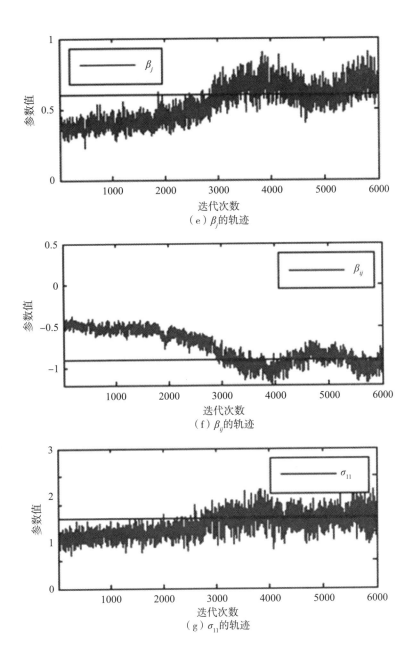

（e）β_j的轨迹

（f）β_{ij}的轨迹

（g）σ_{11}的轨迹

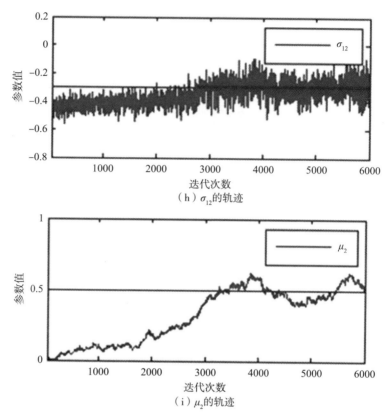

图 6 - 1　顺序变量估计结果准确度验证分析中参数估计的轨迹

　　图 6 - 1 表明，所有参数的估计值从初始值逐渐向真实值移动。大约在第 4000 次的迭代处，估计值开始围绕真实值移动。这些轨迹表明估计方法能够成功地复原预先设定的参数值，继而说明所提出的估计方法可以得到较好的验证。

　　图 6 - 2 呈现了估计参数的后验分布，这是基于相应参数的第 4001 到第 6000 次迭代生成的。x 轴表示相应参数的值，y 轴是调查的 2000 次迭代中的频率。

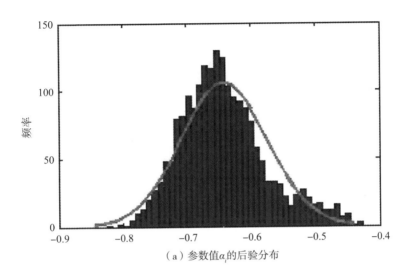

（a）参数值α_i的后验分布

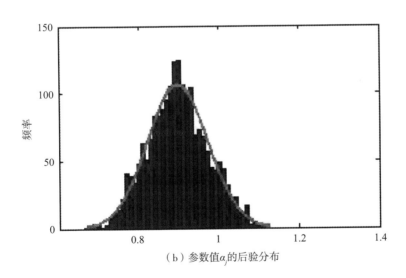

（b）参数值α_j的后验分布

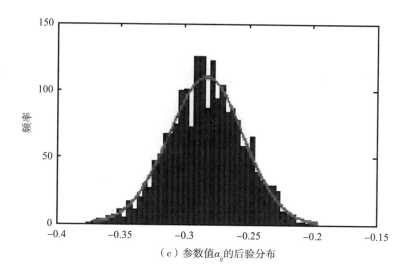

（c）参数值α_{ij}的后验分布

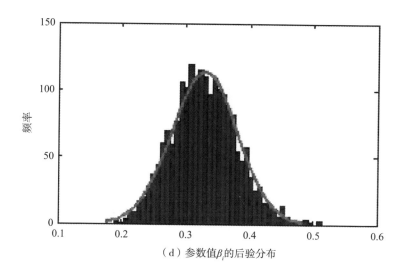

（d）参数值β_i的后验分布

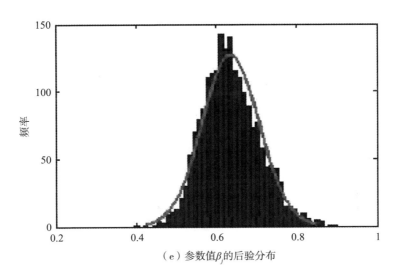

（e）参数值β_j的后验分布

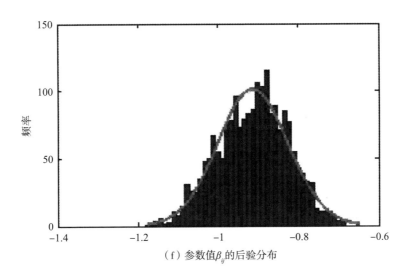

（f）参数值β_{ij}的后验分布

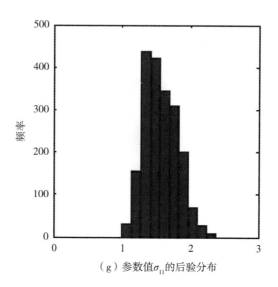

（g）参数值σ_{11}的后验分布

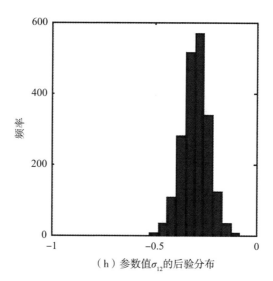

（h）参数值σ_{12}的后验分布

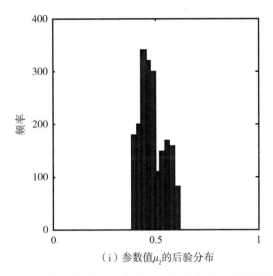

（ⅰ）参数值μ_2的后验分布

图 6 - 2　顺序变量估计结果准确度验证分析中参数的后验分布

前六个直方图呈现倒钟形曲线，与其后验分布为正态分布的假设一致。最后三个直方图还显示了真实参数值的平均值，使用模拟数据复原参数值。估计结果在表 6 - 4 中有进一步的总结。

表 6 - 4　　　　　　　　顺序变量估计结果的描述统计

参数	真实值	估计值	标准差	95% 置信区间（低）	95% 置信区间（高）
α_i	- 0.6	- 0.64	0.07	- 0.77	- 0.51
α_j	0.9	0.90	0.08	0.75	1.04
α_{ij}	- 0.3	- 0.28	0.03	- 0.34	- 0.23
β_i	0.3	0.33	0.05	0.23	0.43
β_j	0.6	0.64	0.07	0.50	0.77
β_{ij}	- 0.9	- 0.91	0.09	- 1.08	- 0.74
σ_{11}	1.5	1.55	0.24	——	——
σ_{12}	- 0.3	- 0.30	0.06	——	——
μ_2	0.5	0.49	0.06	——	——

估计结果表明，所有由贝叶斯马尔科夫链蒙特卡罗方法得到的估计值都接近真实值，而且各参数的偏差大致相同。基于估计轨迹、后验分布和误差统计数据，可以得出结论：估计方法能够成功复原数据产生过程中的参数，即该序数变量模型被成功验证。

6.1.2 多项变量

在共同决策的结果是多项变量的情况下，该验证分析假设多项变量包含三个分类结果，也就是两个方程。每个方程含有三个解释变量。同样，其中两个（$x_{i,p}$ 和 $x_{j,p}$）是双边市场中各自一方的属性，而另一个变量（$x_{ij,p}$）是双方的联合因素，它随不同的配对关系变化。所有的解释变量都是基于标准的正态分布而生成的。表 6-5 展示了多项变量情况下参数的值。因联合决策有两个方程，加上配对方程，可假定误差项服从三元正态分布，即

$$\begin{pmatrix} \varepsilon_1 \\ \varepsilon_2 \\ \eta \end{pmatrix} \sim N \left(\begin{pmatrix} 0 \\ 0 \\ 0 \end{pmatrix}, \begin{bmatrix} 1.5 & 0.3 & 0.2 \\ 0.3 & 1.2 & 0.1 \\ 0.2 & 0.1 & 1 \end{bmatrix} \right)$$

表 6-5　　　　　多项变量的情况下自变量和因变量的值

参数	真实值	初始值
β_1	$(-0.9, 0.6, 0.3)$	$(0, 0, 0)$
β_2	$(0.6, 0.3, -0.9)$	$(0, 0, 0)$
σ_{11}	1.5	1

参数	真实值	初始值
σ_{22}	1.2	1
σ_{12}	0.3	0
σ_{23}	0.2	0
σ_{13}	0.1	0

根据预先设定的参数值，可以生成多元变量情况下的模拟数据。表6-6展示了生成数据的平均值、标准差、最小值和最大值，配对方程中可能配对成功的决策者总对数为2500对，生成的数据实际有1221对成功配对。

表6-6　　　　　　　　　顺序变量的情况下自变量的值

变量	规模	均值	标准差	最小值	最大值
w_i	$I \times J = 2500$	-0.64	1.03	-3.09	1.28
w_j	$I \times J = 2500$	-0.67	1.07	-2.96	2.32
w_{ij}	$I \times J = 2500$	-0.01	1.00	-3.58	3.61
$x_{i,1}$	1221	-0.08	0.99	-2.31	1.83
$x_{j,1}$	1221	0.03	0.87	-1.85	1.96
$x_{ij,1}$	1221	-0.18	0.96	-3.58	2.35
$x_{i,2}$	1221	-0.08	0.99	-2.31	1.83
$x_{j,2}$	1221	0.03	0.87	-1.85	1.96
$x_{ij,2}$	1221	-0.18	0.96	-3.58	2.35

然后，采用贝叶斯马尔科夫链蒙特卡罗方法来估计生成数据中的参数，由于收敛速度较快，多项变量的情况下只需迭代500

次，其中前 300 次作为燃烧期，即因参数值波动较大而不被考虑，后 200 次被用来得到参数的最终估计值。估计的参数值的轨迹如图 6 - 3 所示。

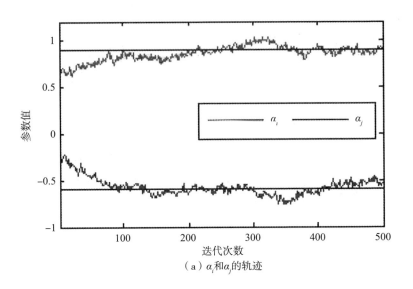

（a）α_i 和 α_j 的轨迹

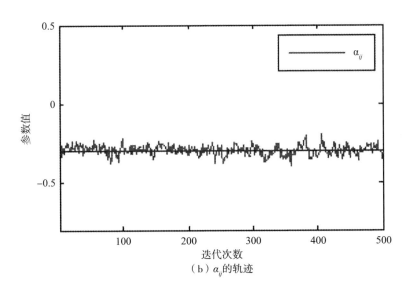

（b）α_{ij} 的轨迹

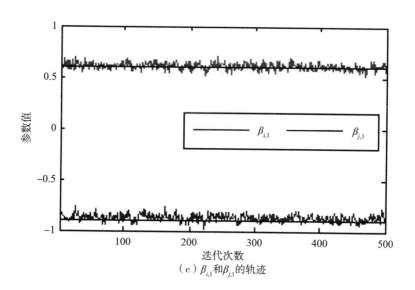

（c）$\beta_{i,1}$ 和 $\beta_{j,1}$ 的轨迹

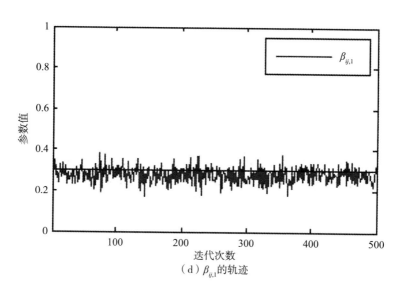

（d）$\beta_{ij,1}$ 的轨迹

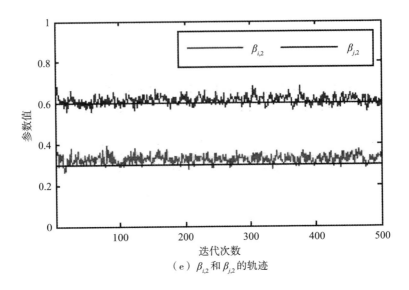

（e）$\beta_{i,2}$ 和 $\beta_{j,2}$ 的轨迹

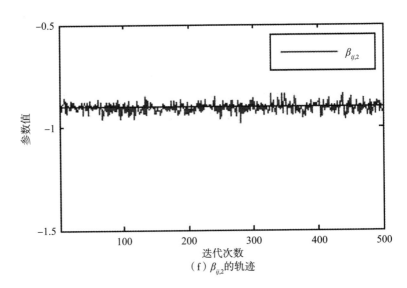

（f）$\beta_{ij,2}$ 的轨迹

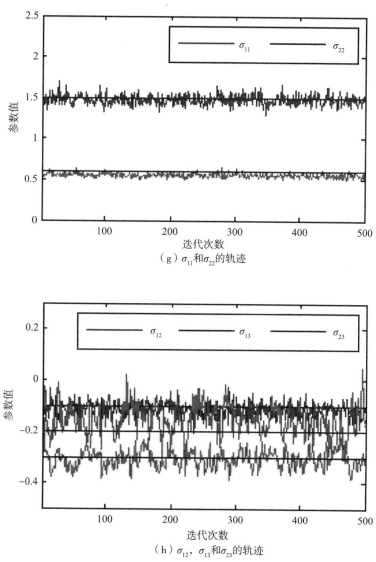

（g）σ_{11}和σ_{22}的轨迹

（h）σ_{12}，σ_{13}和σ_{23}的轨迹

图6-3　多项变量估计结果准确度验证分析中参数估计的轨迹

　　这些轨迹表明，所有的参数都能够快速地收敛到它们的真实值，这表明贝叶斯马尔科夫链蒙特卡罗方法具有良好的参数复原能力。

　　参数的后验分布如图6-4所示。

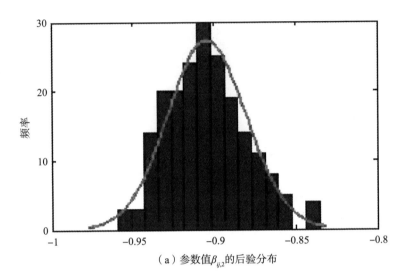

（a）参数值$\beta_{ij,2}$的后验分布

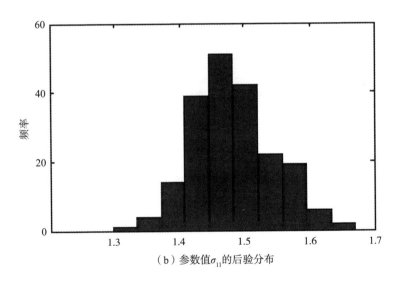

（b）参数值σ_{11}的后验分布

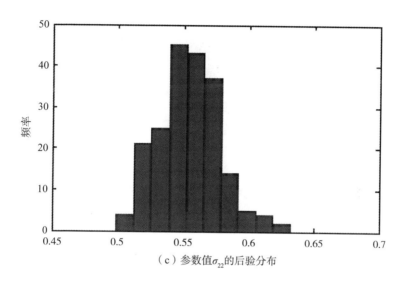

（c）参数值σ_{22}的后验分布

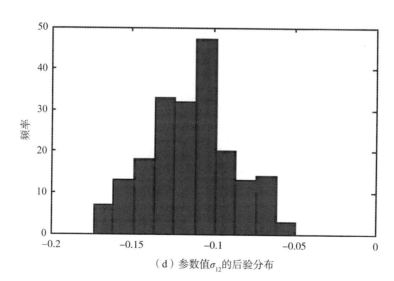

（d）参数值σ_{12}的后验分布

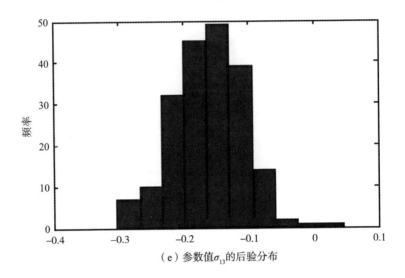

（e）参数值σ_{13}的后验分布

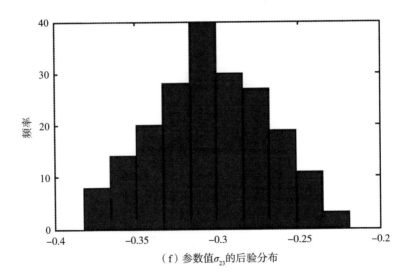

（f）参数值σ_{23}的后验分布

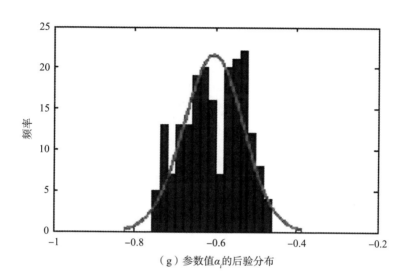

（g）参数值α_i的后验分布

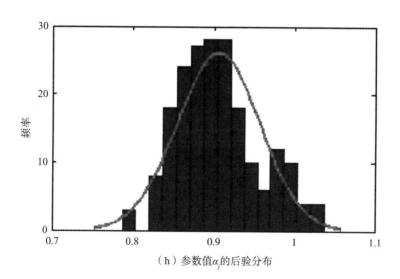

（h）参数值α_j的后验分布

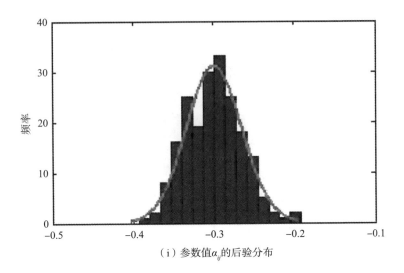

（i）参数值α_{ij}的后验分布

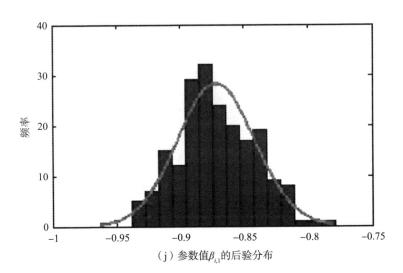

（j）参数值$\beta_{i,1}$的后验分布

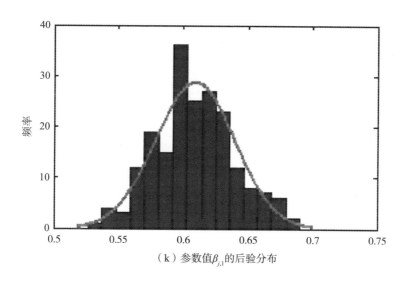

（k）参数值 $\beta_{j,1}$ 的后验分布

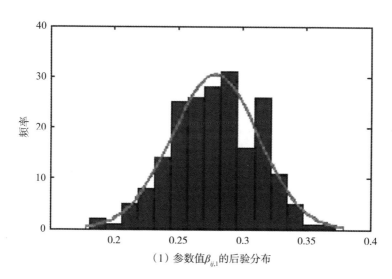

（l）参数值 $\beta_{ij,1}$ 的后验分布

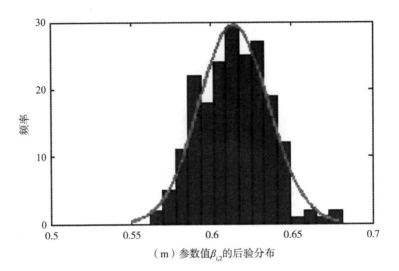

（m）参数值$\beta_{i,2}$的后验分布

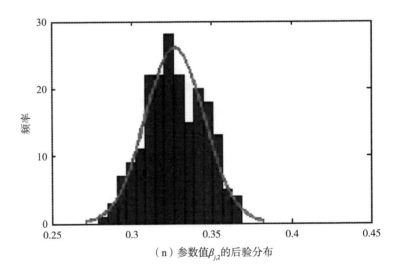

（n）参数值$\beta_{j,2}$的后验分布

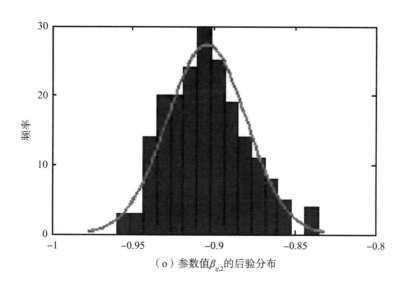

（o）参数值$\beta_{ij,2}$的后验分布

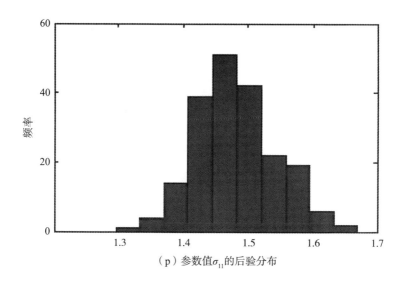

（p）参数值σ_{11}的后验分布

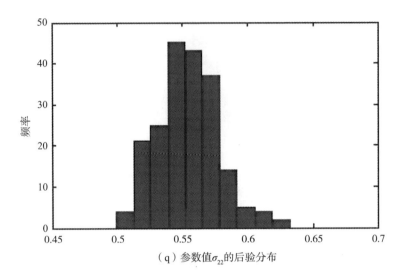

（q）参数值σ_{22}的后验分布

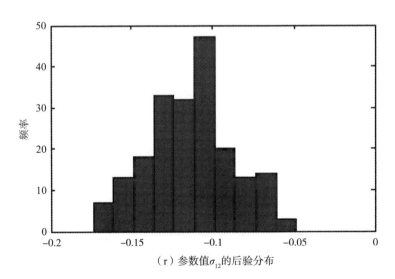

（r）参数值σ_{12}的后验分布

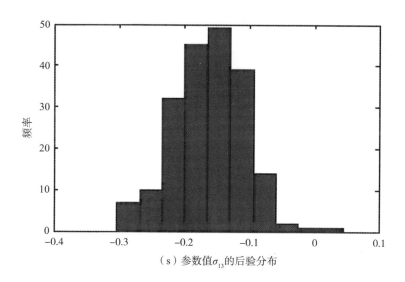

（s）参数值σ_{13}的后验分布

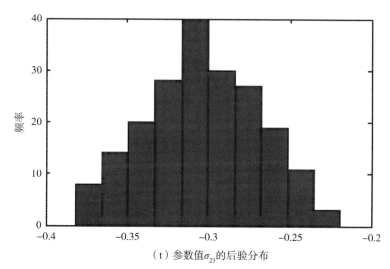

（t）参数值σ_{23}的后验分布

图6-4　多项变量估计结果准确度验证分析中参数的后验分布

估计结果的描述统计如表6-7所示。

表 6 – 7　　　　　　　　　顺序变量估计结果的描述统计

参数	真实值	估计值	标准差	95% 置信区间（低）	95% 置信区间（高）
α_i	– 0.6	– 0.61	0.07	– 0.75	– 0.46
α_j	0.9	0.91	0.05	0.81	1.01
α_{ij}	– 0.3	0.30	0.03	– 0.37	– 0.23
$\beta_{i,1}$	– 0.9	– 0.87	0.03	– 0.93	– 0.81
$\beta_{j,1}$	0.6	0.61	0.03	0.55	0.67
$\beta_{ij,1}$	0.3	0.28	0.03	0.21	0.34
$\beta_{i,2}$	0.6	0.61	0.02	0.57	0.66
$\beta_{j,2}$	0.3	0.33	0.02	0.29	0.36
$\beta_{ij,2}$	– 0.9	0.90	0.02	– 0.95	– 0.86
σ_{11}	1.5	1.48	0.06	—	—
σ_{22}	0.5	0.56	0.02	—	—
σ_{12}	– 0.1	– 0.11	0.03	—	—
σ_{13}	– 0.2	– 0.16	0.05	—	—
σ_{23}	– 0.3	– 0.30	0.03	—	—

根据估计结果，所有估计值都接近真实值，表明估计方法具有良好的参数复原能力。其中，解释变量的参数表现比方差 – 协方差矩阵中的参数表现更好。

6.2　估计结果的敏感性分析

仅仅使用一组随机生成的数据集进行估计的准确度验证或许无法全面地评估估计方法的参数复原能力。因此，可通过在不同的参数值下评估参数的复原能力，并反复多次进行这一验证过程来改进评估的方法。这就是本节将要开展的在不同的参数值下考察估计的敏感性。

为了量化参数复原能力的比较，引入了两个统计量，绝对百分比误差（APE）和百分比平方误差（PMSE）。

$$APE = \frac{\sum_{t=1}^{T} \frac{|z_t - z_0|}{|z_0|}}{T}$$

$$PMSE = \frac{\sum_{t=1}^{T} \left(\frac{z_t - z_0}{z_0}\right)^2}{T}$$

在这两个等式中，$t(t = 1, \cdots, T)$ 表示迭代次数。z_t 是第 t 次迭代时参数的值，而 t_0 则是真实参数值。APE 测量平均绝对偏差。PMSE 进一步使用平方误差来惩罚较大的偏差。

表 6 - 8 列出了用于顺序变量情况下敏感性分析的设计方案。这一方案特别关注了两个方面：配对结构和方差 - 协方差矩阵。厘清复杂的配对结构是建立配对模型的主要目标之一。这里研究了两种配对结构：一种是市场双边都有 50 个决策者，另一种是一边有 10 个决策者，另一边有 100 个决策者。这两种结构可以展示平衡配对结构和不平衡配对结构之间的差异，还可以探索样本大小（2500 和 1000）对结果的影响。方差 - 协方差矩阵表征了样本选择的过程。在顺序变量的情况下，在对角线上和非对角线上各有一个自由变量。

表 6 – 8   顺序变量敏感性分析的情景

	I	J	方差－协方差矩阵
1	50	50	$\begin{pmatrix} 1.5 & 0.3 \\ 0.3 & 1 \end{pmatrix}$
2	50	50	$\begin{pmatrix} 1.5 & -0.3 \\ -0.3 & 1 \end{pmatrix}$
3	50	50	$\begin{pmatrix} 0.8 & 0.3 \\ 0.3 & 1 \end{pmatrix}$
4	50	50	$\begin{pmatrix} 0.8 & -0.3 \\ -0.3 & 1 \end{pmatrix}$
5	10	100	$\begin{pmatrix} 1.5 & 0.3 \\ 0.3 & 1 \end{pmatrix}$
6	10	100	$\begin{pmatrix} 1.5 & -0.3 \\ -0.3 & 1 \end{pmatrix}$
7	10	100	$\begin{pmatrix} 0.8 & 0.3 \\ 0.3 & 1 \end{pmatrix}$
8	10	100	$\begin{pmatrix} 0.8 & -0.3 \\ -0.3 & 1 \end{pmatrix}$

　　针对每个情景，进行 30 次模拟数据生成和 30 次估计实现。估计结果概述和相应的误差统计数据列于表 6 – 9 中。

表 6 – 9   顺序变量敏感性分析的结果

情景	1					2				
参数	真实值	均值	标准差	APE	PMSE	真实值	均值	标准差	APE	PMSE
α_i	– 0.6	– 0.62	0.05	6.80	0.49	– 0.6	– 0.60	0.05	5.98	0.36
α_j	0.9	0.89	0.08	8.51	0.99	0.9	0.90	0.08	7.04	0.85
α_{ij}	– 0.3	– 0.31	0.03	8.82	0.37	– 0.3	– 0.31	0.03	8.71	0.38

续表

情景	1					2				
参数	真实值	均值	标准差	*APE*	*PMSE*	真实值	均值	标准差	APE	PMSE
β_i	0.3	0.30	0.05	18.81	1.65	0.3	0.28	0.05	17.70	1.42
β_j	0.6	0.59	0.06	13.48	1.85	0.6	0.57	0.06	12.43	1.39
β_{ij}	−0.9	−0.88	0.08	14.44	3.09	−0.9	−0.86	0.08	15.22	2.87
μ_2	0.5	0.45	0.05	26.45	5.07	0.5	0.45	0.05	23.33	3.74
σ_{11}	1.5	1.42	0.21	26.18	15.98	1.5	1.46	0.21	24.17	12.86
σ_{12}	0.3	0.25	0.07	44.57	8.22	−0.3	−0.32	0.06	17.75	1.35

情景	3					4				
参数	真实值	均值	标准差	APE	PMSE	真实值	均值	标准差	*APE*	*PMSE*
α_i	−0.6	−0.62	0.06	7.19	0.44	−0.6	−0.61	0.05	6.92	0.50
α_j	0.9	0.90	0.08	7.83	0.88	0.9	0.91	0.08	6.71	0.80
α_{ij}	−0.3	−0.31	0.03	8.15	0.31	−0.3	−0.30	0.03	9.36	0.35
β_i	0.3	0.27	0.04	15.91	1.01	0.3	0.30	0.04	10.87	0.54
β_j	0.6	0.54	0.04	12.33	1.26	0.6	0.62	0.05	11.06	1.17
β_{ij}	−0.9	−0.78	0.06	16.28	2.84	−0.9	−0.92	0.07	11.86	2.07
μ_2	0.5	0.37	0.03	29.24	5.10	0.5	0.51	0.05	20.11	3.03
σ_{11}	0.8	0.64	0.08	27.57	7.40	0.8	0.83	0.11	16.25	3.72
σ_{12}	0.3	0.19	0.05	44.08	7.84	−0.3	−0.29	0.05	13.46	0.84

情景	5					6				
参数	真实值	均值	标准差	*APE*	*PMSE*	真实值	均值	标准差	*APE*	*PMSE*
α_i	−0.6	−0.57	0.09	11.63	1.11	−0.6	−0.55	0.09	13.71	1.61
α_j	0.9	1.04	0.16	22.75	10.85	0.9	1.06	0.16	22.07	5.86
α_{ij}	−0.3	−0.30	0.05	11.86	0.66	−0.3	−0.30	0.05	13.04	0.78
β_i	0.3	0.34	0.10	30.96	3.78	0.3	0.32	0.10	37.10	5.73
β_j	0.6	0.67	0.12	19.75	3.85	0.6	0.64	0.12	20.94	3.83
β_{ij}	−0.9	−0.95	0.15	15.58	3.14	−0.9	−0.97	0.16	19.08	4.24
μ_2	0.5	0.54	0.11	22.79	3.70	0.5	0.52	0.11	26.37	4.34
σ_{11}	1.5	1.82	0.50	33.05	21.69	1.5	1.77	0.47	36.15	26.95
σ_{22}	0.3	0.40	0.16	60.07	16.35	−0.3	−0.25	0.12	34.52	5.21

续表

情景	7					8				
参数	真实值	均值	标准差	*APE*	*PMSE*	真实值	均值	标准差	*APE*	*PMSE*
α_i	-0.6	-0.60	0.10	12.85	1.66	-0.6	-0.59	0.10	17.82	3.10
α_j	0.9	1.06	0.17	26.24	18.09	0.9	0.96	0.16	15.62	3.16
α_{ij}	-0.3	-0.30	0.05	10.71	0.50	-0.3	-0.30	0.05	9.35	0.41
β_i	0.3	0.35	0.08	30.61	4.67	0.3	0.33	0.08	23.37	2.99
β_j	0.6	0.67	0.10	18.23	2.79	0.6	0.67	0.09	18.12	2.99
β_{ij}	-0.9	-1.02	0.13	22.02	5.38	-0.9	-1.01	0.12	15.42	2.90
μ_2	0.5	0.58	0.09	30.66	5.54	0.5	0.60	0.08	28.08	4.75
σ_{11}	0.8	1.07	0.25	46.92	23.06	0.8	1.01	0.21	31.09	11.07
σ_{22}	0.3	0.38	0.12	53.13	12.12	-0.3	-0.25	0.09	23.73	2.69

图6-5用三维散点图来直观地展示各种情况下的误差统计数据。其中三个维度代表配对结构（平衡对比不平衡）、对角线元素（大于1对比小于1），以及非对角线元素（正协方差项对比负协方差项）。散点图使用圆圈的面积大小来表示PMSE的大小。

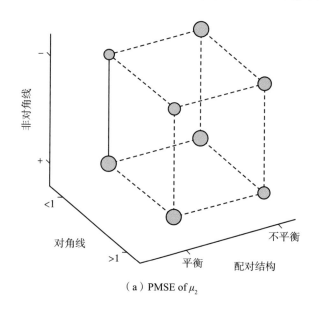

（a）PMSE of μ_2

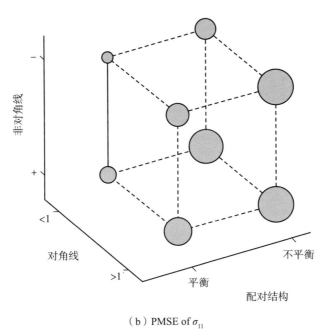

（b）PMSE of σ_{11}

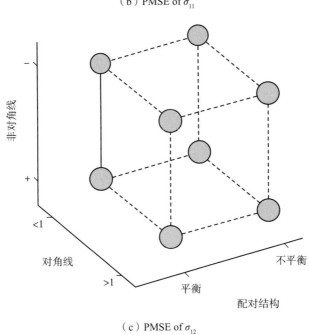

（c）PMSE of σ_{12}

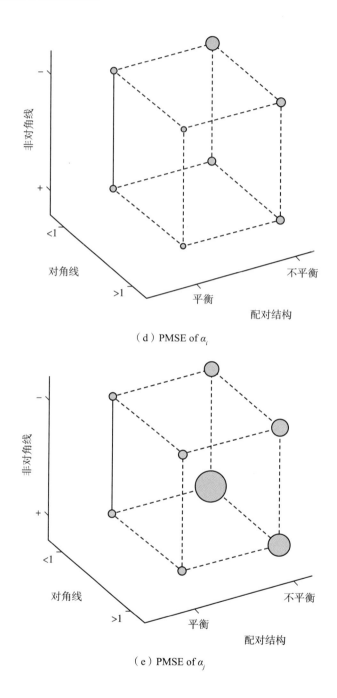

（d）PMSE of α_i

（e）PMSE of α_j

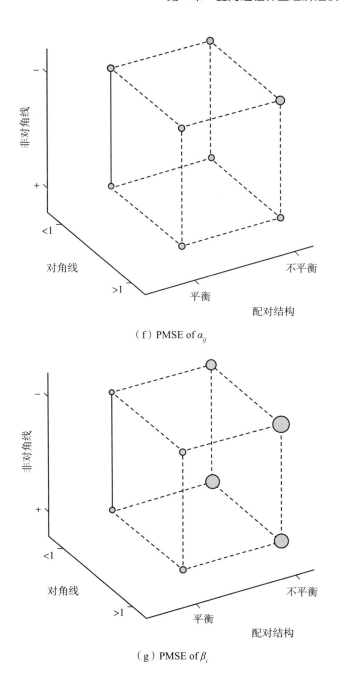

（f）PMSE of α_{ij}

（g）PMSE of β_i

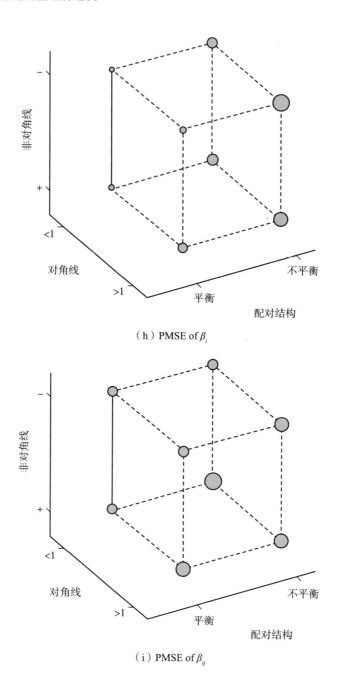

（h）PMSE of β_i

（i）PMSE of β_{ij}

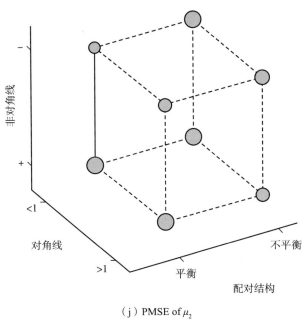

（ j ）PMSE of μ_2

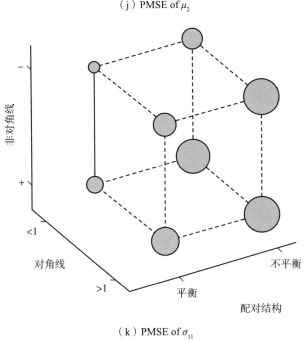

（ k ）PMSE of σ_{11}

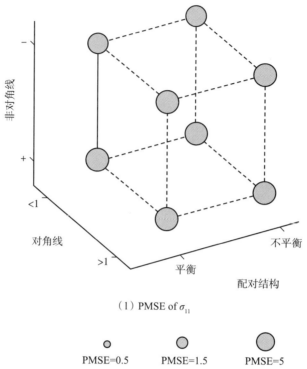

（1）PMSE of σ_{11}

○　　　　　⬤　　　　　⬤

PMSE=0.5　　　PMSE=1.5　　　PMSE=5

图 6－5　顺序变量敏感性研究中 30 个随机样本的 PMSE

　　比较所有情景，平衡配对结构的 PMSE 显然更低，说明在平衡配对结构的情境下，估计方法具有更好的参数复原能力。原因有两方面，首先，平衡配对结构的样本量大于非平衡配对的样本量，大样本通常有助于参数的识别；其次，非平衡样本的模拟数据值的波动较小，例如，对于某些变量，只有 10 个不同的值，这就降低了参数的识别能力。阈值和协方差矩阵元素的 PMSE 较其他参数更大。这可以归因于参数等比例放大的问题：阈值和方差元素可以同时增加或减少。因此，这些参数与其他线性系数相比，在估计结果中具有较大的方差。

第7章 案例分析：基于配对过程 计量经济模型的航司 – 机场合作案例分析

在当今的运输活动中，我们可以广泛地观察到双边市场中的多对多配对关系。以供应链为例，在某一环节上游个体与下游个体可以进行配对以完成货物交付，而每个个体又可以同时与多个其他合作伙伴进行配对协作。在航空运输业，机场承载着多家航空公司的航线，而航空公司则利用多个机场进行日常运营。这种多对多配对关系可被定义为市场一侧的多个个体与市场另一侧的多个个体相互配对。学界对这种配对关系的观察引发了一些值得关注的问题：究竟是什么因素促使两个个体进行配对？配对关系的形成是否与配对个体的联合行为有关呢？

本章以航班延误问题为案例展开研究，以验证本书提出的配对过程计量经济模型（Zhang & Wang，2018）。我们的假设是，航空公司和机场是双边市场的参与者。只要某家航空公司的客运航班降落在某个机场，这便形成了一对航空公司和机场的配对关系。为了研究这一配对关系，我们构建了一个由两个方程组成的模型。第一个方程旨在确定影响多对多配对关系形成的因素。第二个方程则将航班延误量化为一个序数结果，并深入研究了航班延误的影响因素。这两个方程之间的相关性通过一个待估计的方差–协方差矩阵进行联系。接下来，本章采用了贝叶斯马尔可夫链蒙特卡罗方法对模型进行估计，并通过一系列模拟验证了模型的结果。最后，我们将该模型应用于已收集的实证数据，以深入分析航班的准点率。

7.1 航司–机场合作案例的经验研究数据

这个案例所使用的数据包含了 2014 年美国的 14 家主要航空公司在美国 324 个主要机场的国内航班准点率数据。需要特别注意的是，一些航空公司在宣布合并后会联合报告数据，例如达美航空和西北航空；而另一些航空公司，尽管已经完成了合并，仍然单独报告了 2014 年的数据，例如西南航空和穿越航空。这 324 个主要机场遍布美国本土、阿拉斯加、夏威夷以及其他主要地区。这个数据集不仅包括了准点率信息，还包含了航空公司和机场之间的配对关系。只要某家航空公司的客运航班在某个机场降落，就会形成一对航空公司和机场的配对关系。有了这些关系数据，我们就可以建立配对方程来确定计量经济模型的参数。

这个案例研究的主要任务是验证本书所构建的配对过程模型的实用性。我们在模型的两个方程中仅考虑了三个自变量。在配对方程中，这些自变量包括航空公司财务报表上的流动资产、机场年客运量以及机场到最近航空公司枢纽的距离。流动资产反映了航空公司的规模，而客运量则反映了机场的规模，这两个因素可以揭示双方在规模上的吸引力。距离则衡量了双方地理上的相对接近程度，以考虑地理位置在配对关系中的重要性。因此，这三个自变量分别刻画了航空公司和机场的特征，以及它们之间的交互关系。事实上，为了提高模型的解释能力和准确性，后续研究还可以考虑引入其他潜在的影响因素到配对方程中，以更全面地分析配对关系的形成。

在联合响应方程中，我们假设航班准点率是一个有序结果变量。具体来说，在航空公司准点率数据中，准点率可被定义为航班按计划时间起飞的百分比。进一步地，我们将这些百分比数字编码成了一个有序变量，分为三个类别：1 代表准点率低于 70%，2 代表准点率在 70% 至 85% 之间，3 代表准点率高于 85%。各个类别的观测数量分别为 349、763 和 179。在本实证研究中，相对于使用百分比数字，使用有序编码更适用于分析。这是因为一些准点率数据中存在极端值，例如苏福尔斯地区机场边疆航空公司的航班准点率仅为 20%。这些异常值可能是由误报引起的，或者可能是由于某些机场上某家航空公司的航班数量非常少导致的。

联合响应方程中包含了三个关键变量：航空公司的载客率、机场的纬度以及机场是否充当航空公司的枢纽。这三个变量在很大程度上涵盖了影响航班延误的主要因素，同时从航空公司、机场以及航空公司与机场之间的相互作用三个角度深入探讨了造成航班延误的原因。这种综合考虑不同因素的方法有助于更全面地理解航班延误背后的机制。表 7－1 中提供了模型中各个变量的描述性统计信息。

表 7 – 1   主要变量的描述统计信息

变量	含义	样本量	均值	标准差	最小值	最大值
配对方程						
I	航空公司数量	14				
J	机场数量	324				
ASST	航空公司流动资产（美元）对数	4536	6.75	0.67	5.73	7.75
VOLM	航空公司年客运量（人次）对数	4536	5.19	0.94	2.93	2.93
DIST	航空公司到机场枢纽的距离（千英里）	4536	0.94	1.15	0	7.35
联合响应方程						
LDFCT	航空公司负载系数	1291	0.84	0.03	0.77	0.90
LAT	机场纬度/北纬100度	1291	0.37	0.07	-0.14	0.71
HUB	二元变量：机场是该航空公司的枢纽则为1，否则为0	1291	0.07	0.25	0	1

7.2 航司 – 机场合作案例的计量建模过程

案例所建立的模型由两个方程组成：描述配对关系形成的配对方程和解释航班准点率的联合响应方程。

7.2.1 配对方程

在本案例的研究中，我们用 $i(i=1,\cdots,I)$ 来代表航空公司，用 $j(j=1,\cdots,J)$ 来代表机场。我们假设这组航空公司和机场构成了一个双边市场，总共可能的配对数量为 $I \times J$。令 N_0 和 N_1 分别表示未成功配对和成功配对的集合。因此，航空公司 i 的未配对集合可以表示为 $N_0(i)$，而已配对集合可以表示为 $N_1(i)$。对于航空公司 i 和机场 j 之间的某个配对，可以表示为 $j \in N_1(i)$ 或 $i \in N_1(j)$。引入变量 u_{ij} 表示配对 ij 的配对经济效用，需要注意的是，这里假设所有可能配对在经济效用上都是不相等的。

在配对关系是稳定的状况下，可以推断出一组不等式条件来表征配对效用 u_{ij} 的相对大小。每个未配对 u_{ij} 的不等式条件为

$$u_{ij} < \overline{u_{ij}} = \max \left[\min_{i' \in N_1(j)} u_{i'j}, \ \min_{j' \in N_1(i)} u_{ij'} \right]$$

记 $\overline{u_{ij}}$ 是航空公司 i 和机场 j 从当前配对中分离并形成新配对的机会成本。在一个稳定的市场中，如果至少有一方不愿意与对方配对，那么这组配对就不能成立。对于航空公司 i 来说，当前的配对（即使是 i 最差的配对）都应优于被提议的配对 ij。我们将 $\min_{j' \in N_1(i)} u_{ij'}$ 定义为 i 最差配对的效用，并将其作为一个门槛值。只要提议的配对效用低于这个门槛值，航空公司 i 就不会愿意与机场 j 进行配对。由于这是一个相互选择的过程，因此在机场 j 的一方也会有类似的过程。记 $\min_{i' \in N_1(j)} u_{i'j}$ 为 j 当前最差配对的经济效用，并作为一个门槛值。只要被提议的配对 ij 的效用低于这个门槛值，机场 j 就不愿与航空公司 i 配对。

如果任何一方都不愿意与提议的对方进行配对，则该被提议的配对就无法实现。因此，如果被提议的配对的效用低于任何一个门槛值，那么该配对将不成立，这将导致最外层括号出现最大值。

成功的配对 u_{ij} 受到以下条件的约束：

$$u_{ij} > \underline{u}_{ij} = \max\left[\max_{j' \in S(j)} u_{ij'}, \ \max_{i' \in S(j)} u_{i'j} \right]$$

其中，$S(i) = \{j \in J: u_{ij} > \min_{i' \in N_i(j)} u_{ij'}\}$，$S(j) = \{i \in I: u_{ij} > \min_{i' \in N_i(i)} u_{ij'}\}$

记 $\underline{u}_{ij}$ 为航空公司 i 和机场 j 保持现有配对的机会成本。在稳定的市场中，当双方都不愿意接受任何其他可行的重组配对关系时，现有的配对将保持不变。这里，可行的重组配对关系分别用 $S(i)$ 和 $S(j)$ 表示。$S(i)$ 表示愿意接受航空公司 i 提议组成新的配对关系的机场 j 的集合。如果提议的新配对比机场 j 当前配对中的任何一个配对都要好时，$\min_{i' \in N_i(j)} u_{i'j}$ 可被视为当前最差配对的配对效用，并被视为一个门槛值。只要提议的新配对的效用高于该门槛值，机场 j 就被视为航空公司 i 的可行的重组配对关系。同样的方法也适用于推导机场 j 的可行重组配对关系。

当双方都不愿意接受任何可行的重组配对关系时，则表明当前的配对效用优于所有可行的重组配对的关系的效用。因此，我们使用表达式中的两个最大值来把握这种关系。

配对效用可以归因于一系列解释变量，这些解释变量可以表示为回归方程（模型中的配对方程）

$$u_{ij} = \alpha w + \eta_{ij}$$

其中，

$$\alpha = \begin{bmatrix} \alpha_i & \alpha_j & \alpha_{ij} \end{bmatrix}, \ w = \begin{bmatrix} w_i \\ w_j \\ w_{ij} \end{bmatrix}$$

解释变量 w 包括航空公司 i（记为 w_i）、机场 j（记为 w_j）及其联合因子（记为 w_{ij}），α 由对应的待估计参数组成。误差项 η_{ij} 包含了决定配对效用的未观测到的影响，并假设其服从正态分布。

由于配对效用是一个受约束的变量，配对方程中的参数可以被识别。这类模型和估计技术类似于有限因变量模型，如 logit、probit 和 Tobit 模型等。

7.2.2　联合响应方程

设航班准点程度 y_{ij} 是一个顺序结果，可以使用顺序 probit 模型进行分析。对观察到的顺序结果进行建模可以基于以下等式

$$y_{ij} = \beta x + \varepsilon_{ij}$$

$y_{ij} = C$，当 $\mu_{C-1} \leqslant y_{ij} < \mu_C$

其中

$$\beta = \begin{bmatrix} \beta_i & \beta_j & \beta_{ij} \end{bmatrix},\ x = \begin{bmatrix} x_i \\ x_j \\ x_{ij} \end{bmatrix}$$

x 包含航空公司 i、机场 j 及其联合因子的影响因素。β 包含了相对应的待估计参数。假设误差项 ε_{ij} 服从正态分布。

由于只有配对成功的样本才能进行联合响应，因此配对方程中的样本与联合响应方程中的样本是不同的。配对方程中的样本是航空公司 i 和机场 j 的所有可能的样本对，因此样本总数为 $I \times J$。而联合响应方程中的样本只是 $I \times J$ 的一部分，也就是 $ij \in N_1$ 的样本。

7.2.3　误差项

如果不考虑配对过程对联合响应过程的影响，联合响应方程中

θ 和 β 的估计就会有偏差。这种偏差可以用 y_{ij} 的条件期望来阐明。

$$E(y_{ij} \mid i,\ j\,配对) = \beta x + E(\varepsilon_{ij} \mid \eta_{ij,c} < \overline{u_{ij}} - \alpha w,\ \eta_{ij,m} > \underline{u_{ij}} - \alpha w)$$

其中，$\eta_{ij,c}$ 和 $\eta_{ij,m}$ 分别表示未成功配对的合作者和成功配对的合作者在配对方程中的误差项。如果 ε_{ij} 独立于 $\eta_{ij,c}$ 和 $\eta_{ij,m}$，则等式右边的期望为零，θ 和 β 的估计是无偏的。但如果 ε_{ij} 依赖于 $\eta_{ij,c}$ 和 $\eta_{ij,m}$ 中的任意一个，则期望不为零，因此估计量是有偏的。这种估计偏差通常被称为样本选择偏差。

处理样本选择偏差可以借用样本选择模型的思想。样本选择模型一般假设两个方程的误差项服从联合分布，即如下的二元正态分布

$$\binom{\varepsilon_{ij}}{\eta_{ij}} \sim \varphi(0,\ \Sigma) = \varphi\left(\begin{bmatrix} 0 \\ 0 \end{bmatrix} \cdot \begin{bmatrix} \sigma_{11} & \sigma_{12} \\ \sigma_{21} & \sigma_{22} \end{bmatrix}\right) = \varphi\left(\begin{bmatrix} 0 \\ 0 \end{bmatrix} \cdot \begin{bmatrix} \sigma_{11} & \sigma_{12} \\ \sigma_{21} & 1 \end{bmatrix}\right)$$

这样的设定允许两个方程之间存在相关性。利用实证数据可以估计其联合分布，如果估计的 σ_{12} 为 0，则样本选择模型简化为两个独立的回归模型，估计不再有偏。如果 σ_{12} 显著不为 0，则在估计时必须考虑相关性（也就是样本选择偏差）。设方差 – 协方差矩阵是对称的（$\sigma_{12} = \sigma_{21}$），并且 η 的方差被假定为 1（由于等比例放大问题 $\sigma_{22} = 1$），则方差 – 协方差项中需要估计的参数的个数为 2。

基于贝叶斯马尔科夫链蒙特卡洛方法，我们可以估计得到参数的分布。

7.3 航司 – 机场合作案例的建模结果分析

我们使用所建立的模型对航班准点率数据进行了分析。估计过

程进行了 15000 次的迭代，其中前 10000 次迭代被作为"磨合"期，从最后 5000 次迭代中获取模拟值来得到估计结果。实际的估计过程表明，在经过前 10000 次迭代之后，所有估计参数的轨迹都趋于稳定。因此，可以使用最后 5000 次迭代的结果来推导参数的后验分布。表 7 - 2 报告了估计的结果。通过似然比检验，我们可以得出结论，拟合模型显著提高了模型的拟合优度。根据估计的后验分布以及参数的均值和标准差，所有估计的参数都在统计上均显著不等于零。伪 t 统计量也支持了这一结论。除了参数 β_{ij} 之外，其他参数在 0.05 水平上都是显著的。参数 β_{ij} 在大约 0.1 水平上是显著的。这些参数估计揭示了关于航班准点率的重要含义。

表 7 - 2　　　　　　　　　航空公司 - 机场合作的估计结果

参数	变量	均值	标准差	伪 t 统计量	置信区间下界	置信区间上界
α_i	ASST	- 0.297	0.066	- 4.5	- 0.426	- 0.168
α_j	VOLM	0.828	0.064	12.93	0.703	0.953
α_{ij}	DIST	- 1.37	0.097	- 14.12	- 1.56	- 1.18
β_i	LDFCT	1.039	0.141	7.37	0.763	1.315
β_j	LAT	- 0.882	0.293	- 3.01	- 1.456	- 0.308
β_{ij}	HUB	0.145	0.09	1.61	- 0.031	0.321
σ_{11}		0.503	0.046	—	—	—
σ_{12}		- 0.187	0.055	—	—	—
μ_1		0（固定值）	—	—	—	—
μ_2		1.208	0.044	—	—	—
成功配对数		1291	—	—	—	—
未成功配对数		3245	—	—	—	—

续表

参数	变量	均值	标准差	伪 t 统计量	置信区间下界	置信区间上界
对数似然值（基数）	−8014	—	—	—	—	—
对数似然值（模型）	−7742	—	—	—	—	—
似然比	543.46	0.000	—	—	—	—

这一案例研究首次尝试采用配对模型分析航司与机场合作的问题，因此系数的估计揭示了关于它们之间相互作用的一些新发现。一些结论与现有文献一致，但另一些则不同，需要进一步研究。例如，在配对方程中，航空公司的资产对配对效用的系数为负，这表明小型航空公司比大型航空公司对机场更有吸引力。这一发现与现有文献（Yang et al.，2015）得出的结论不同，在现有文献中，总运营收入（即另一种对决策者规模的财务测量）在航空公司 – 机场垂直分布中没有显著差异。本研究的发现可以解释为，小型航空公司的合作通常与低票价有关，这样可以吸引更多乘客前往机场。然而，需要进一步研究来探索这一现象，尤其是在特定市场上。另外，机场的客运量对配对效用系数为正，这表明大型机场对航空公司更具吸引力。这一发现与现有文献的结论是一致的（Fu & Zhang，2020）。大型机场通常作为中转站，乘客可以在这些机场进行转机服务。此外，大型机场通常能够提供更好的服务并且靠近集中市场，这可能为航空公司带来更多乘客和高收入。从机场到航空公司枢纽的距离系数为负数，这表明航空公司很可能与靠近公司主要市场的机场进行配对。大多数航空公司采用枢纽辐射型网络运营，其中枢

纽是航空公司的主要市场，而枢纽附近的机场由短途航班连接，旅客可以在枢纽转机到达其他机场。因此，服务这些机场可以提高航空公司的客户数量，对于采用枢纽辐射型网络运营的航空公司来说，这是一种成本效益较好的策略。在点对点服务网络中，着陆机场需要靠近航空公司目前的网络。在遥远机场的航空公司不得不面临品牌知名度、可靠性、运营成本等问题，这可能降低航空公司的吸引力。

在联合响应方程中，航空公司的载客率系数为正，这意味着高载客率的航空公司具有更好的准点率。这可以解释为如果一家航空公司在某个方面的运营表现较好，那么它在其他方面的运营表现可能也较好。这可能与航空公司的管理能力、资源配置以及运营效率有关。另外，机场的纬度被看作极端天气的指标。纬度较高的机场更容易受到大雪等极端天气的影响，从而导致航班延误。因此，负的纬度系数与我们的预期是一致的，表明纬度较高的机场会对航班准点率产生负面影响。枢纽系数为正，这意味着位于枢纽机场的航空公司更有可能实现航班准点。位于枢纽机场的航空公司可以优先安排航班时刻表，灵活分配登机口，并与机场保持更顺畅的沟通。这种枢纽效应证实了航空公司与机场合作对航班准点率具有直接的影响。

在航空公司－机场合作分析中，航空公司与机场之间的合作通过两个方程的相关性对航班准点率产生间接影响。方差－协方差矩阵中的两个自由变量具有显著非零值，其中非对角元素 σ_{12} 为 -0.187，表明配对方程与联合响应方程之间呈负相关关系。这意味着在联合响应方程中未考虑的影响因素会反过来影响航班准点率。举例来说，传统航空公司可能对乘客具有吸引力，但往往存在准点率较低的情况。通过考虑方差－协方差矩阵中的 σ_{11} 对角线元素，可以推导出每个方程的条件均值和方差。如果不考虑相关性，参数估计可能会产生偏差。估计的方差－协方差矩阵的结果验证了在航空公司－机场合作分析中考虑样本选择过程的必要性。这表明样本选择可能对结果产生影响，并强调了在建立模型和进行参数估计时要注意这一问题。因此，综合考虑相关性和样本选择的影响，可以提高对航空公司－机场合作对航班准点率的分析的准确性和可靠性。

综上所述，这一案例建立的配对模型在航空公司－机场合作数据的分析中取得了良好的拟合效果。考虑到复杂的配对结构、相互选择和联合响应的因素，模型的拟合优度显著提高，为航班准点率问题提供了更多深入的见解。研究发现，一系列解释变量能够有效解释航空公司－机场合作的形成以及航班准点率的结果。通过分析结果，我们对这些问题有了更深入的理解，这有助于提出有效的政策来减少航班延误。同时，该模型在航空公司－机场合作中的应用体现了配对模型在实证分析中的重要性和适用性。通过考虑配对结构、相互选择和联合响应等复杂因素，我们能够更加全面地理解航空公司和机场之间的相互关系，并得出对航班准点率问题的有价值的结论。这为决策者提供了指导，以制定针对航空业的政策和措施，进一步改善航班准点率和提升旅客体验。

第 8 章　案例分析：基于配对过程计量经济模型的货运市场合作案例分析

高效的货运系统对于满足人类的生产和生活需求、刺激商品需求并提供大量就业机会至关重要。然而，货物运输过程消耗了大量自然资源，对环境和可持续性产生了不利影响。因此，建立一个高效的货运系统变得尤为关键，通常需要从全面的运输规划入手。传统的规划工具在区域层面对出行需求进行建模，假设每个区域可以代表区域内的所有个体决策者。然而，这种基于综合区域模型的方法无法充分考虑货运决策者的个体差异，这在实际环境中是常见的。现有的规划模型忽视了个体行为，与实际货运经营者的行为不符，从而导致不太理想的货运规划。已有文献中的探究个体行为的建模方法主要是离散结果模型的变体，用于在非聚合层面分析货运需求。尽管这些模型已能够考虑一部分个体差异，但仍然存在一定不足。

货运中的个体差异性可以通过货运决策者之间的协作来体现。客运的出行需求通常被视为个人对工作、购物和娱乐等方面的需求。大多数人的出行决策与其他旅客的行为无关。相比之下，货运活动通常涉及多个决策者的协同合作。例如，散装货物通常是在大型制造商、物流公司和零售商之间达成协议后进行配送的。而电子商务中的小包裹送货则涉及卖方、包裹整合商、包裹承运人和收件人之间的协调安排。在许多货运配送中，都可以看到多个决策者的参与。奥尔金－韦拉斯等（Holguin－Veras et al.，2015）总结认为，许多货运活动是多个货运决策者相互协作的结果，深入理解这些协作关系对于学术界和工业界来说，对于理解运输效率、污染和可持续性都具有重要意义。

货运决策者之间的互动可以理解为两个过程：合作伙伴选择和共同决策（Zhang & Wang，2020）。以供应商－客户互动为例，合作伙伴选择是供应商（或客户）评估对方的特征，如地点、行业部门、规模等的过程。供应商从对市场上所有客户的评估开始，然后基于这种评估选择能够最好满足其需求的客户。当供应商首选的客户不感兴趣时，供应商将会转向下一个最偏好的客户，直到找到满意的客户为止。在联合决策过程中，货运决策是基于供应商和客户之间的共同利益以及妥协来做出的。如果不考虑合作伙伴的情况，每个决策者将独立做出决策。这样的独立决策可能会被合作伙伴接受，也可能不被接受，因此他们必须进行妥协。合作伙伴选择和联合决策过程是同时进行的：如果没有建立合作伙伴关系，就无法进行联合货运决策；反之亦然，如果没有成功的联合决策，就无法建立合作伙伴关系。

市场中观察到的伙伴关系和联合决策结果对于创新计量经济学模型的发展具有重要意义，有助于解释合作行为。由于这两个过程同时发生，因此可以利用结构方程模型来进行建模，其中一个方程用于描述合作伙伴配对过程，另一个方程用于描述联合决

策过程。对于合作伙伴配对，观察到的配对关系（即市场中哪些
决策者进行了合作，哪些没有）可以被解释为一系列不等式条件
（例如配对偏好），其中未成功配对的效用通常应小于一定要求的
配对效用。基于这些效用条件，我们可以识别影响决策者吸引力
的因素，揭示出这些因素对于配对效用的影响。在联合决策过程
中，我们可以使用决策者的特征（例如供应商的规模和客户的行
业部门）以及联合因素（例如两个决策者之间的距离）作为自变
量来估计离散结果模型。这两个方程可以通过引入误差项之间的
相关性来连接，以表示样本选择特征，即只有在存在配对的决策
者时才能进行联合决策。

8.1　货运市场主体间合作案例的计量建模过程

8.1.1　模型设定

货运需求的特点在于决策者之间的合作，这一特点可以通过
观察两个关键过程来理解：合作伙伴配对和联合决策。我们可以
建立两个方程来分别描述这两个过程。在配对方程中，我们使用
配对效用的条件来确定相关的参数。而在联合决策过程中，我们
根据决策数据的类型来确定模型设定，例如，如果以货物配送频
率作为因变量，我们可以采用顺序 probit 模型。此外，方差 - 协方
差矩阵的设定有助于建立这两个方程之间的联系，以把握样本选
择特征，即联合决策只能在配对的决策者之间进行。

合作伙伴配对过程发生在供应商和客户之间的双边市场中，尽管任何一方的决策者也可能与不属于这两方的其他参与者（例如运营商）进行互动。我们假设每一方的每个决策者都能获得对方决策者的完整信息，并努力寻找最佳的合作伙伴。我们可以将所有配对（包括配对和未配对的情况）表示为 u_{ij}，可以设定为：

$$u_{ij} = \alpha_d d_{ij} + \alpha_w' w_{ij} + \eta_{ij}$$

其中 d_{ij} 为供应商 i 和客户 j 之间的距离，可以用来把握它们之间的空间关系。空间关系可以用欧几里得距离、网络距离、出行时间等度量来定义。这种对距离变量的线性设定仍具有一般性，因为距离也可以是一个非线性项，可以转换为线性函数。w_{ij} 包含了双方的其他影响特征，这些特征可以是每一方的特征（例如供应商的规模或客户所在地的人口密度）及其联合影响因素（例如供应商 i 和客户 j 年的合作历史）。$\alpha\{\alpha = [\alpha_d; \alpha_w]\}$ 是要估计的参数。误差项 η_{ij} 包含未观察到的决定配对效用的影响，并假设其服从正态分布。

配对效用 u_{ij} 不能直接从数据中观察到。它的绝对大小没有意义，但相对大小能够表示配对关系。不等式条件可以用来描述配对效用的相对大小，这是配对模型与传统计量经济学模型的不同之处。分别针对未成功的配对和成功的配对设定不等式条件。

对于一个未成功配对的配对，有：

$$u_{ij} < \overline{u_{ij}} = \max\left[\min_{i' \in \tau(j)} u_{i'j}, \min_{j' \in \tau(i)} u_{ij'}\right]$$

$\overline{u_{ij}}$ 可以被理解为供应商 i 和客户 j 偏离现有的配对并共同形成新的配对的机会成本。客户当前对最差供应商的效用为 $\min\limits_{i' \in \tau(j)} u_{i'j}$，供应商当前对最差客户的效用为 $\min\limits_{j'\in\tau(i)}u_{ij'}$。当 u_{ij} 大于 $\overline{u_{ij}}$ 时，供应商 i 和客户 j 都会倾向于共同形成一个新的配对。当 u_{ij} 小于 $\overline{u_{ij}}$ 时，供应商 i 和客户 j 都会维持当前的配对。

成功的配对效用 u_{ij} 受以下条件的约束

$$u_{ij} > \underline{u_{ij}} = \max[\max\limits_{i'\in S(j)}u_{i'j},\ \max\limits_{j'\in S(i)}u_{ij'}]$$

其中，$S(i) = \{j\in J:\ u_{ij} > \min\limits_{i'\in\tau(j)}u_{i'j}\}$，并且 $S(j) = \{i\in I:\ u_{ij} > \min\limits_{j'\in\tau(i)}u_{ij'}\}$。

$\underline{u_{ij}}$ 是供应商 i 和客户 j 保持当前配对的机会成本。$S(i)$ 和 $S(j)$ 分别是供应商 i 和客户 j 提议组成新的配对关系的集合。供应商 i 的可行的重组配对关系集合是与其当前的合作伙伴相比更好的客户。当 u_{ij} 大于 $\underline{u_{ij}}$ 时，则决策者更倾向于维持当前的配对。

对于联合决策模型，当观测的结果为配送频率 y_{ij}，表示供应商 i 和客户 j 共同决策的结果时，其函数为：

$$y_{ij}^* = \beta_d d_{ij} + \beta_x x_{ij} + \varepsilon_{ij}$$

$y_{ij} = C$ 如果 $\mu_{C-1} \leqslant y_{ij}^* < \mu_C$

其中 d_{ij} 为供应商 i 和客户 j 之间的距离，x_{ij} 包含了供应商 i 和客户 j 对联合决策的影响特征。$\beta\{\beta = [\beta_d;\ \beta_x]\}$ 是要估计的参数。C 是顺序结果，并除以门槛值 μ_C。假设误差项 ε_{ij} 服从正态分布，从而得到顺序 probit 模型。距离等空间关系指标是 x_{ij} 的解释变量，以把握空间关系对配送频率决策的影响。

与不同合作伙伴的配对很可能导致不同的送货频率。因此，配对方程应与 probit 方程相连接，以把握合作伙伴选择过程与联合决策过程之间的同时作用。设定一个方差 – 协方差矩阵来把握两个方程的相关性：ε_{ij} 和 η_{ij} 服从如下多元正态分布

$$\begin{pmatrix}\varepsilon_{ij}\\\eta_{ij}\end{pmatrix} \sim N\left(0,\ \begin{bmatrix}1+\delta^2 & \delta\\\delta & 1\end{bmatrix}\right)$$

为了增强模型估计的识别能力，可将方差 ε_{ij} 和 η_{ij} 设为 $1 + \delta^2$ 和 1。将协方差定义为 δ，用来表示配对方程与顺序 probit 方程之间的相关性。本研究只考虑正协方差：两个方程中的误差项分别把握了对配对和配送频率的未观察到的影响。如果供应商和客户更愿意与彼此合作，那么他们之间的配送频率预期会更高，从而导致正协方差。

8.1.2 模型估计

观察到的配对关系在识别和估计空间配对模型中的参数方面至关重要。当一个供应商已经与足够多的客户建立了合作伙伴关系时，其他客户将无法与该供应商配对。因此，所有可能的配对之间存在相互依赖关系：每对配对的合作伙伴选择都受到所有其他配对决策的影响。因此，为了评估似然函数，所有这些配对的误差项需要同时进行积分。

通常情况下，极大似然估计方法在处理低维似然函数时表现良好。然而，由于在所提出的空间配对模型中维度很容易达到数千甚至更高，极大似然方法在这种情况下就不适用了。因此，本研究采用了贝叶斯马尔可夫链蒙特卡罗估计作为替代方法，它通过模拟参数的分布来避免对高维积分的计算，以更有效地估计模型参数。

贝叶斯马尔可夫链蒙特卡罗估计旨在通过结合先验分布和似然函数，来模拟未知参数的后验分布。在本研究中，我们选择将大多数参数的先验分布假设为正态分布，因为正态分布是共轭分布，这有助于简化推导后验分布的形式。在定义这些先验分布时，通常我们会采用较大的方差值，使其成为一种无信息先验分布。这种选择使得后验分布更加依赖于观测数据，而不过多受到信息性先验分布的影响。

u_{ij} 的后验分布取决于供应商 i 和客户 j 是否与对方配对。如果能够配对，则有

$$u_{ij} \sim N(w_{ij}\alpha + (y_{ij}^* - x_{ij}\beta)\delta/(1+\delta^2),\ 1/(1+\delta^2))$$

并在 $\underline{u}_{ij}$ 以下截断。否则，

$$u_{ij} \sim N(w_{ij}\alpha + (y_{ij}^* - x_{ij}\beta)\delta/(1+\delta^2),\ 1/(1+\delta^2))$$

并在 $\underline{u}_{ij}$ 以上截断。

顺序 probit 方程 y_{ij}^* 的潜在结果服从正态后验分布

$$y_{ij}^* \sim N(x_{ij}\beta + (u_{ij} - w'_{ij}\alpha)\delta,\ 1)$$

根据顺序结果和门槛值截断。例如，如果 $y_{ij} = 2$，那么 y_{ij}^* 被截断为 $(u_1,\ u_2)$。

顺序结果的门槛值 μ_C 服从均匀的后验分布

$$\mu_C \sim U(\max_{y_{ij}=C}(y_{ij}^*),\ \min_{y_{ij}=C+1}(y_{ij}^*))$$

假设系数 β 服从正态先验分布 $\beta \sim N(\beta_0,\ \Sigma_\beta)$，$\beta$ 的条件后验分布是服从多元正态分布

$$N(-M_\beta^{-1}N_\beta,\ -M_\beta^{-1})$$

其中，$M_\beta = \Sigma_\beta^{-1} + \sum_{ij \in \mu_m} x_{ij}x'_{ij}$，$N_\beta = -\Sigma_\beta^{-1}\beta_0 - \sum_{ij \in \mu_m} x_{ij}(y_{ij}^* - u_{ij}\delta + w'_{ij}\alpha\delta)$

假设 α 服从正态先验 $\alpha \sim N(\alpha_0,\ \Sigma_\alpha)$，$\alpha$ 的条件后验分布是服从多元正态分布

$$N(-M_\alpha^{-1}N_\alpha,\ -M_\alpha^{-1})$$

其中，$M_\alpha = \Sigma_\alpha^{-1} + \sum_{ij \in M_m} w_{ij}w'_{ij} + \sum_{ij \in \mu_m} \delta^2 w_{ij}w'_{ij}$，$N_\alpha = -\Sigma_\alpha^{-1}\alpha_0 + \sum_{ij \in M_m} -w_{ij}u_{ij} + \sum_{ij \in \mu_m} \delta w_{ij}(y_{ij}^* - x_{ij}\beta - u_{ij}\delta)$。

假设 δ 服从正态先验分布 $\delta \sim N(\delta_0, \Sigma_\delta)$，$\delta$ 的条件后验分布是服从多元正态分布

$$N(-M_\delta^{-1}N_\delta, -M_\delta^{-1})$$

其中，$M_\delta = \Sigma_\delta^{-1} + \sum_{ij \in M_m}(u_{ij} - w_{ij}\alpha)^2$ 并且 $N_\delta = -\Sigma_\delta^{-1}\delta_0 + \sum_{ij \in \mu_m}(y_{ij}^* - x_{ij}\beta)(u_{ij} - w_{ij}'\alpha)$。基于以上后验分布对参数进行模拟，参数迭代至收敛。

8.1.3 数据结构

在传统的计量经济模型中，模型的数据是对每个独立个体的一组观察数据，而配对模型需要包含个体之间配对关系信息的数据。以货运供应商－消费者为例，$i(i = 1, \cdots, I)$ 表示市场的一边（供应商），$j(j = 1, \cdots, J)$ 表示市场的另一边（客户）。供应商 i 的关系信息是观察到的与 j 的配对，记为 $\tau(i)$ 和 $\tau(j)$。对于一个由三个供应商和三个客户组成的市场，假设供应商 1 与客户 2 和 3 配对，则 $\tau(1) = 2, 3$。该模型必须知道市场上任何决策者的 $\tau(i)$ 和 $\tau(j)$。

除了配对关系之外，模型还需要确定配对效用和观察到的联合决策的顺序结果的影响因素。这些数据的需求与传统的计量经济学模型并没有太大的区别。例如，影响供应商－客户配对效用的因素之一是客户的债务情况，因此构建配对模型需要市场上所有客户的债务数据。而观察到的顺序结果是配送频率，因此构建配对模型需要具有配对的供应商和客户的配送频率数据。

　　然而，由于非聚合数据通常涉及安全、隐私和机密性等问题，因此收集模型所需的数据可能需要更多的努力和注意。例如，可以通过整合货运供应商和客户的运营记录来获取数据，这些记录包括他们的业务合作伙伴信息和配送频率。受到研究时间和资源的限制，本案例研究未对实证数据进行详细分析，但我们假设可以获取所需的数据，并计划使用数值算例来验证所提出的模型。

8.2　货运市场主体间合作案例的数值算例分析

　　通过数值案例，我们能够有效展示模型的性能，并进行解释和讨论。表 8-1 呈现了配对模型的结果，并与未考虑配对关系的标准顺序 probit 模型的估计结果进行了对比。这种对比有助于我们更清晰地理解配对模型对数据的拟合程度以及其相对于传统标准顺序 probit 模型的优势。

表 8-1　　　　　　　　空间配对模型的数值算例估计结果

变量	空间配对模型				标准顺序 Probit 模型		
	系数	标准差	t 统计量	P 值	系数	t 统计量	P 值
	配对方程						
距离	-0.624	0.040	-15.60	0.000			
供应商历史	0.820	0.094	8.72	0.000			
客户负债	-0.320	0.042	-7.62	0.000			

续表

变量	空间配对模型				标准顺序 Probit 模型		
	系数	标准差	t 统计量	P 值	系数	t 统计量	P 值
	顺序 Probit 方程						
距离	0.296	0.047	6.30	0.000	0.507	10.03	0.000
供应商规模	−0.982	0.051	−19.25	0.000	−0.905	−17.43	0.000
客户所在地人口密度	0.656	0.065	10.09	0.000	0.61	14.27	0.000
门槛值1	−0.168				0.458		
门槛值2	0.392				1.005		
	误差项						
	0.253	0.126	2.01	0.053			
	拟合优度						
备择假设对数似然值	−2543		0.000		−746	0.000	
原假设对数似然值	−2755				−788		

8.2.1 配对方程

这个数值算例在配对方程中只包含三个解释变量，但实证研究可以分析尽可能多的重要解释变量。估计系数的值能揭示解释变量对配对效用的影响，系数为正表明变量提高了配对效用，反之亦然。根据估计结果，货运公司可以调整当前决策特征，以提高其对市场另一方的吸引力。另外，政策制定者可以了解决策者的合作伙伴选择机制，并进行适当干预，重塑配对关系。

具体而言，供应商与客户之间的距离系数为 −0.624，说明距离越近的决策者合作的可能性越大。距离较近的合作者之间的配送与较低的运输成本相关，也意味着更高的利润。距离系数把握了货运决策者之间的空间关系，是本研究的重点之一。传统的规划分析框架定义了代表区域内决策者所在的两个区域之间的距离，大致近似于空间关系。本研究调查的距离可以通过非聚合水平分析来提高空间关系测量的准确性。

供应商历史的系数为 0.820，表明有经验的供应商可以吸引到更好的客户。客户负债的估计系数为 - 0.320。低负债意味着客户可以及时付清商品订购费用，这是供应商的重要考虑因素。

8.2.2　顺序 Probit 方程

顺序 probit 模型可以通过边际效应来解释，如表 8 - 2 所示。除了距离外，在空间配对模型中，供应商在客户所在区域的规模和人口密度的结果与标准顺序 probit 模型的结果相似。以供应商规模为例，根据边际效应，如果供应商规模增加一个单位，低频的概率将增加 33.1%，中频的概率将增加 4.0%，高频的概率将减少 37.1%。

表 8 - 2　配对模型和标准顺序 probit 模型中自变量的边际效应

	空间配对模型			标准顺序 Probit 模型		
	低频	中频	高频	低频	中频	高频
距离	- 0.102	- 0.012	0.114	- 0.181	- 0.020	0.202
供应商规模	0.331	0.040	- 0.371	0.324	0.036	- 0.360
客户所在地人口密度	- 0.235	- 0.028	0.263	- 0.219	- 0.024	0.243

距离的解释比较复杂，因为它既是配对方程中的变量，又是顺序 probit 方程中的变量。因此两个模型的边际效应都有显著差异。这种差异意味着缺少配对关系会导致对空间关系的错误解释，从而对货运出行需求的理解不足。边际效应可通过将所有配对的距离增加一个单位，并计算结果顺序结果的变化获得。

8.2.3　误差项

该模拟研究证明协方差项与零有显著差异。配对方程的误差项包含了未观察到的决定配对效用的因素。在这种货运需求背景下，这个因素可能是供应商－客户合作历史：历史越长，形成配对关系的可能性就越大。顺序 probit 方程的误差项可能包括供应商或客户所在位置的公路密度以及其他决定送货频率的因素。正协方差表明合作历史与公路密度呈正相关。此外，较长的历史不仅增加了配对效用，也增加了高配送频率的概率，相反，密集的公路网不仅增加了配送频率，也增加了形成配对的概率。

显著的协方差也证实了样本选择偏差的存在。在估计顺序 probit 方程时，如果不考虑配对关系，则顺序 probit 方程中的样本由所有可能的供应商和客户配对组成。顺序结果效用的期望为

$$E(y_{ij}^* \mid x_{ij}) = \beta' x_{ij}$$

在实践中，只能观察到配对的配送频率结果，即配送频率以配对结果为条件。因此，在考虑配对时，顺序结果效用的期望可被写成

$$E(y_{ij}^* \mid x_{ij}, 样本选择) = E(y_{ij}^* \mid x_{ij}, U) = \beta' x_{ij} + f(\delta)$$

其中 U 为效用条件。由于 U 是一个复杂的条件，因此无法推导出

条件期望的封闭式数学表达式。然而，根据二元正态分布特征（Hamedani & Tata，1975），条件期望是协方差项 δ 的函数。因此，在不考虑配对的情况下，配送频率结果在估计中是有偏的，从而导致有偏的系数估计。

总体而言，本案例构建了一个计量经济模型，即空间配对模型，用于分析货运出行需求的独特特点。货运出行需求与客运出行需求不同之处在于涉及多个决策者之间的协作。这一特征导致传统交通研究的四阶段模型中的一些假设不再适用，例如出行生成和分配之间的独立性。该模型能够捕捉合作伙伴选择和联合决策，为货运模型研究提供新的视角。

通过观察到的货运决策者之间的合作伙伴关系，我们可以推断出所有可能配对的效用条件。基于这些效用条件，我们可以确定影响配对效用的参数。除了获得联合决策结果之外，方程还能够描述合作伙伴选择和联合决策的过程，因为每个方程都包含了空间关系作为自变量，因此被称为空间配对模型。

尽管本案例建立的模型在配对和联合决策行为分析方面取得了初步进展，但仍然有一些问题需要在未来的研究中进一步探讨。首先，数据可用性仍然是一个挑战，本案例使用了数值算例来演示模型，因为许多货运公司将这些数据视为高度机密。然而，这样的数据确实存在，下一步的研究任务是对其进行适当的研究。货运公司的研究人员现在可以将该模型应用到实际工作中，或者学术界和货运公司可以在未来进行合作研究。其次，两个方程的设定可能引入每一方额外的误差项。可以考虑在方程中引入更多项，并完善相应的估计方法。

第 9 章 配对过程研究的未来展望

配对过程建模的历史始于 20 世纪初，主要是对市场交易活动的基本分析。随着时间的推移，尤其是到了 20 世纪后半叶，经济学家开始关注更为复杂的配对问题，如劳动市场中雇主和求职者的匹配关系等。到了近年来，随着计算能力的提升和可获取数据量的增加，配对过程建模已经演变成为一种更加复杂但更为精确的分析工具。《配对过程的计量经济建模》这本书正是在这样的背景下，基于这些先进的理论和技术，对配对过程建模进行了深入的探索，开展了丰富的理论研究和案例分析，展现了如何在经济学、社会学、交通工程等多个领域有效应用这些模型。这些贡献不仅丰富了配对过程建模的理论基础，也拓宽了其在解决实际问题时的应用范围。

近些年来，机器学习和人工智能的发展提高了模型处理复杂数据集的能力和预测的精确度，大数据技术的应用使得经济模型可以利用更广泛和更多样化的信息源，而多方配对模型的发展则为更复杂的市场交互提供了新视角。这些方法的集成使得学界可以更加深入地分析配对过程。例如，在劳动市场的配对模型中，不仅是雇主和求职者之间的直接配对关系，还包括他们之间的潜在联系、过去的雇佣历史，以及整个行业内的动态都可以被纳入模型之中。这样的分析有助于揭示非显而易见的模式和趋势，比如特定行业或地区中配对成功率的变化规律。此外，这类研究还可以用来识别市场中的关键节点及其影响力，这对于理解市场力量及其如何影响配对过程至关重要。例如，在金融市场中，通过分析银行、投资者和其他金融机构之间的复杂关联关系，可以更好地理解市场风险和稳定性。随着经济系统变得越来越复杂，传统的双边配对模型已不足以把握所有的配对特征。因此，对于多方配对模型的探索，可使得同时考虑多个参与者之间的相互作用成为可能。

将行为经济学的原理纳入配对模型可能是另一种重要的方法创新，可以更好地理解和预测决策过程。行为经济学关注个体在不完全信息、有限理性和各种心理偏见影响下的决策行为。将这些原理应用到配对模型中，可以帮助我们更准确地模拟和预测实际市场中的配对行为。例如，通过考虑个体对风险的态度、时间偏好，以及社会偏好（如公平和互惠），配对模型能更真实地反映人们在职业选择、投资决策等方面的行为。此外，对行为偏差进行模拟和建模，也对预测市场配对的结果至关重要。通过这种交叉学科的研究，不仅可以使得配对模型在理论上更为全面和丰富，而且在实际应用中也更具实用价值。

此外，因可考虑随时间变化的因素动态的配对模型，可能成为另一个未来的重要研究方向。时间因素在当今变化迅速的市场环境中扮演着重要的角色。动态配对理论考虑了随时间变化的因素，如市场条件的波动、个体偏好的演变，以及资源的变化。在模型中应用动态配对理论，可以帮助我们更准确地预测和理解随时间变化的经济行为。例如，在劳动市场中，动态配对模型能够把握经济周期、技术进步或政策变化对雇主和求职者之间配对的影响。通过这种方法，经济学家能够更好地将长期趋势以及周期性变化纳入研究当中。

在具体的建模过程中，如何有效地利用先进的统计技术是十分重要的。这些技术，包括但不限于多元分析、时间序列分析、面板数据分析和结构方程模型等，使经济学家能够更精确地分析和解释复杂的经济数据。例如，时间序列分析可以帮助研究者理解和预测市场动态及其对配对决策的影响。面板数据分析技术使研究者能够考虑个体和时间的双重维度，从而更深入地分析配对过程中的变化。就参数估计过程而言，近年来也出现了许多创新和发展，例如，贝叶斯估计方法也在经济模型中得到广泛应用，特别是在处理不确定性和估计复杂模型参数时，其效果尤为突出。

海量数据是配对过程建模中的重要要素，其作用不仅仅局限于其提供的丰富信息，它还为经济模型提供了一种更为深入和复杂的分析能力，使得研究者能够更准确地识别和预测经济活动中的细微变化。通过对这些数据进行深度分析，模型可以把握到传统方法难以觉察的模式和趋势。例如，在市场行为分析中，大数据可以帮助模型更精确地描绘消费者偏好和市场反应。此外，通过实时分析市场数据，大数据技术提供了一种更为动态的观测手段，帮助经济模型及时调整并反映市场的最新动态。综合来看，大数据在提高经济模型的精确度和实用性方面发挥着不可替代的作用，尤其在预测市场变化和指导经济决策方面具有显著的优势。

总体而言，在未来进行配对过程研究时，综合运用最新技术、方法论以及数据资源是解锁未来研究的钥匙。这不仅能够帮助我们更精确、更有效地分析配对关系的形成原因，还能深入理解其背后的机制，并对其未来趋势做出预测。随着配对过程建模这一研究领域的不断发展，期待学术界能持续拓展其研究边界，创造更多创新性的成果。

参 考 文 献

[1] Albers, S. , Koch, B. & Ruff, C. (2005). Strategic alliances between airlines and airports—theoretical assessment and practical evidence. *Journal of Air Transport Management*, 11 (2): 49 –58.

[2] Arsanjani, J. , Helbich, M. & de Noronha Vaz, E. (2013). Spatiotemporal simulation of urban growth patterns using agent-based modeling: The case of Tehran. *Cities*, 32: 33 – 42. https://doi. org/ 10. 1016/j. cities. 2013. 01. 005.

[3] Axtell, R. & Farmer, J. (2022). Agent based modeling in economics and finance: past, present, and future. *Journal of Economic Literature.*

[4] Bankes, S. C. (2002). Agent-based modeling: A revolution? *Proceedings of the National Academy of Sciences of the United States of America*, 99 (SUPPL. 3): 7199 – 7200. https://doi. org/10. 1073/ pnas. 072081299.

[5] Barbot, C. (2009). Airport and airlines competition: Incentives for vertical collusion. *Transportation Research Part B: Methodological*, 43 (10): 952 – 965. https://doi. org/10. 1016/j. trb. 2009.

04. 001.

[6] Bonabeau, E. (2002). Agent-based modeling: Methods and techniques for simulating human systems. *Proceedings of the National Academy of Sciences of the United States of America*, 99 (SUPPL. 3): 7280 – 7287. https://doi. org/10. 1073/pnas. 082080899.

[7] Chen, J. (2013). Estimation of the Loan Spread Equation with Endogenous Bank – Firm Matching. *Structural Econometric Models*, 31, 251 – 289. https://doi. org/10. 1108/S0731 – 9053 (2013) 0000032009.

[8] Choo, E. & Siow, A. (2006). Who Marries Whom and Why. *Journal of Political Economy*, 114 (1): 175 – 201. https://doi. org/10. 1086/498585.

[9] Fagnant, D. J. & Kockelman, K. M. (2014). The travel and environmental implications of shared autonomous vehicles, using agent-based model scenarios. *Transportation Research Part C: Emerging Technologies*, 40: 1 – 13. https://doi. org/10. 1016/j. trc. 2013. 12. 001.

[10] Fu, J. & Zhang, Y. (2020). Valuation of travel time reliability: Considering the traveler's adaptive expectation with an indifference band on daily trip duration. *Transportation Research Part A: Policy and Practice*, 140, 337 – 353. https://doi. org/10. 1016/J. TRA. 2020. 08. 002.

[11] Fu, X. , Homsombat, W. & Oum, T. (2011). Airport-airline vertical relationships, their effects and regulatory policy implications. *Journal of Air Transport Management*, 17 (6): 347 – 353.

［12］ Gale, D. & Shapley, L. S. (1962). College Admissions and the Stability of Marriage. *The American Mathematical Monthly*, 69 (1): 9 – 15.

［13］ Hamedani, G. & Tata, M. (1975). On the determination of the bivariate normal distribution from distributions of linear combinations of the variables. *The American Mathematical Monthly*, 82 (9): 913 – 915.

［14］ Hay, J. W. , Leu, R. & Rohrer, P. (1987). Ordinary Least Squares and Sample – Selection Models of Health – Care Demand Monte Carlo Comparison. *Journal of Business & Economic Statistics*, 5 (4): 499 – 506. https: //doi. org/10. 1080/07350015. 1987. 1050 9618.

［15］ Heckman, J. (1979). Sample selection bias as a specification error. *Econometrica*, 47 (1): 153 – 161.

［16］ Hitsch, G. J. , Hortaçsu, A. I. & Ariely, D. (2010). Matching and Sorting in Online Dating. *American Economic Review*, 100 (1): 130 – 163. https: //doi. org/10. 1257/aer. 100. 1. 130.

［17］ Holguín – Veras, J. , Aros – Vera, F. & Browne, M. (2015). Agent interactions and the response of supply chains to pricing and incentives. *Economics of Transportation*, 4 (3): 147 – 155. https: //doi. org/10. 1016/j. ecotra. 2015. 04. 002.

［18］ Holguín – Veras, J. , Silas, M. , Polimeni, J. & Cruz, B. (2008). An investigation on the effectiveness of joint receiver-carrier policies to increase truck traffic in the off-peak hours. *Networks and Spatial Economics*, 8 (4): 327 – 354.

［19］ Huff, D. L. (1963). A Probabilistic Analysis of Shopping Center Trade Areas. *Land Economics*, 39 (1): 81. https://doi. org/ 10. 2307/3144521.

［20］ Lambert, D. & Cooper, M. (2000). Issues in supply chain management. *Industrial Marketing Management*, 29 (1): 65 – 83. https://www. sciencedirect. com/science/article/pii/S0019850199001133.

［21］ Leontief, W. (1936). Quantitative input and output relations in the economic systems of the United States. *The Review of Economic Statistics*, 18 (3): 105 – 125. https://doi. org/10. 2307/ 1927837.

［22］ Limao, N. & Venables, A. (1999). Infrastructure, geographical disadvantage, transport costs, and trade. *The World Bank Economic Review*, 15 (3): 451 – 479. https://doi. org/10. 1093/ wber/15. 3. 451.

［23］ Macy, M. W. & Willer, R. (2002). From factors to actors: Computational sociology and agent-based modeling. *In Annual Review of Sociology* (Vol. 28, pp. 143 – 166). https://doi. org/10. 1146/annurev. soc. 28. 110601. 141117.

［24］ McFadden, D. (1971). Conditional logit analysis of qualitative choice behavior. *Frontiers in Economics*, 105 – 142.

［25］ Mortensen, D. (1982). Property rights and efficiency in mating, racing, and related games. *The American Economic Review*, 72 (5): 968 – 979.

［26］ Mortensen, D. (1988). Matching: Finding a Partner for Life or Otherwise. *American Journal of Sociology*, 94: 215 – 240.

https：//doi. org/10. 1086/228947.

［27］Mortensen, D. & Christopher, C. (1994). Job creation and job destruction in the theory of unemployment. *The Review of Economic Studies*, 61 (3)：397 –415.

［28］ Rashidi, T. H. , Auld, J. & Mohammadian, A. K. (2012). A behavioral housing search model：Two-stage hazard-based and multinomial logit approach to choice-set formation and location selection. *Transportation Research Part A：Policy and Practice*, 46 (7)：1097 –1107.

［29］Rose, A. & Van Wincoop, E. (2001). National Money as a Barrier to International Trade：The Real Case for Currency Union. *American Economic Review*, 91 (2)：386 – 390. https：//doi. org/ 10. 1257/aer. 91. 2. 386.

［30］Roth, A. & Sotomayor, M. (1989). The college admissions problem revisited. *Econometrica：Journal of the Econometric Society*, 559 – 570.

［31］Santos Silva, J. & Tenreyro, S. (2006). The Log of Gravity. *The Review of Economics and Statistics*, 88 (4)：641 – 658. https：//doi. org/10. 1162/rest. 88. 4. 641.

［32］Siow, A. (2008). How does the marriage market clear? An empirical framework. *Canadian Journal of Economics*, 41 (4)：1121 – 1155.

［33］Sørensen, M. (2007). How smart is smart money? A two-sided matching model of Venture Capital. *The Journal of Finance*, 62 (6)：2725 –2762.

［34］ Srinivasan, S. & Bhat, C. (2005). Modeling household interactions in daily in-home and out-of-home maintenance activity participation. *Transportation*, 32 (5): 523 – 544. https://doi.org/10.1007/s11116 – 005 – 5329 – z.

［35］ Vance, C. & Iovanna, R. (2007). Gender and the Automobile: Analysis of Nonwork Service Trips. *Transportation Research Record: Journal of the Transportation Research Board*, 2013: 54 – 61. https://doi.org/10.3141/2013 – 08.

［36］ Wiratchotisatian, P., Yekta, H. A. & Trapp, A. C. (2022). Stability Representations of Many – to – One Matching Problems: An Integer Optimization Approach. *Https://Doi.Org*/10.1287/*Ijoc*.2022.1237, 34 (6): 3325 – 3343. https://doi.org/10.1287/IJOC.2022.1237.

［37］ Yang, H., Zhang, A. & Fu, X. (2015). Determinants of airport-airline vertical arrangements: analytical results and empirical evidence. *Journal of Transport Economics And*, 49 (3): 438 – 453.

［38］ Zhang, D. & Wang, X. (2018). Understanding many-to-many matching relationship and its correlation with joint response. *Transportation Research Part B: Methodological*, 108: 249 – 260. https://doi.org/10.1016/J.TRB.2017.12.011.

［39］ Zhang, D. & Wang, X. (2020). Investigation of Freight Agents' Interaction Considering Partner Selection and Joint Decision Making. *Sustainability* 2020, *Vol.* 12, *Page* 3636, 12 (9): 3636. https://doi.org/10.3390/SU12093636.

［40］ Zhang, J., Kuwano, M., Lee, B. & Fujiwara, A. (2009).

Modeling household discrete choice behavior incorporating heterogeneous group decision-making mechanisms. *Transportation Research Part B: Methodological*, 43（2）: 230 – 250. https: //doi. org/10. 1016/j. trb. 2008. 05. 002.

［41］ Zubizarreta, J. R. （2012）. Using mixed integer programming for matching in an observational study of kidney failure after surgery. *Journal of the American Statistical Association*, 107（500）: 1360 – 1371. https: //doi. org/10. 1080/01621459. 2012. 703874.

后　记

在完成这本专著后，我深感荣幸能够与大家分享关于配对过程的计量经济建模的研究成果和见解。整个写作过程既富有挑战性，也充满了收获。借此机会，我想表达我的感慨和思考。

我要衷心感谢我的家人和朋友。在整个写作过程中，他们一直给予我坚定的支持和鼓励。他们不断地鼓励我、支持我，使我有更多的精力和时间投入到研究工作中去。没有他们的理解和支持，这本书的完成将无从谈起。同时，我也要感谢我的导师和同事们，他们的指导与建议对我的研究工作产生了深远的影响。

在撰写本书的过程中，我深入研究了配对过程的计量经济建模的各个方面，从理论模型的构建到案例应用。我希望通过本书为读者提供一个更深入了解这一领域的视角，并能够激发更多对配对过程计量经济建模的研究和讨论。在研究过程中，我遇到了许多挑战和困难，但正是这些挑战促使我不断深入挖掘、探索和创新。通过不断的学习和研究，我不仅提高了自己的学术水平，也积累了丰富的实践经验。

这本书的出版是我多年研究的成果结晶，也是我学术生涯的一个重要里程碑。通过撰写本书，我不仅学会了如何深入研究一个领域并形成有价值的研究成果，还学会了如何将复杂的概念和技术转化为易于理解的语言和表述方式。我相信这些经验和知识将对我的未来研究和学术发展产生积极的影响。

配对过程计量经济建模是一个复杂而又重要的领域，它涉及众多学科的知识和理论。在本书中，我尽可能地涵盖了这一领域的各个方面，从基本的理论框架到实际应用案例。我希望通过本书能够让读者更好地了解这一领域的发展现状和未来趋势。同时，我也希望本书能够为其他研究人员和学者提供一些启示和参考，激发更多的创新和研究思路。

最后，我要向所有阅读这本书的读者表示感谢。我希望这本书能够对您的学术研究和实践工作提供一定的帮助，也希望能够激发您的思考和兴趣，使您对配对过程的计量经济建模有更深入的了解。如果您对本书的内容或配对过程计量经济建模这一领域有任何问题或建议，请随时与我联系。我将非常乐意与您交流和讨论相关问题。

写作是一项持久的工作，但通过这本书的创作，我得以深入研究我所热爱的领域，并有机会与其他研究人员和学者分享我的研究成果。我期待着未来的研究工作，希望能够继续为学术界和实践领域做出贡献。在未来的研究中，我将继续关注配对过程计量经济建模领域的最新进展和前沿趋势，不断拓展自己的研究视野和深度。同时，我也希望能够与更多的研究人员和学者合作交流，共同推动这一领域的发展和创新。

再次衷心感谢您的阅读和支持！

2023 年 8 月

于中国北京